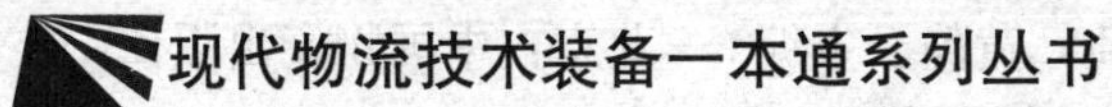

输送技术一本通

谢　芳　才笑琦　黄静云　主编

中国物资出版社

图书在版编目（CIP）数据

输送技术一本通/谢芳，才笑琦，黄静云主编．—北京：中国物资出版社，2010.3

（现代物流技术装备一本通系列丛书）

ISBN 978-7-5047-3320-7

Ⅰ．输…　Ⅱ．①谢…②才…③黄…　Ⅲ．物料输送系统　Ⅳ．TH165

中国版本图书馆 CIP 数据核字（2010）第 001391 号

策划编辑　胡郁林
责任编辑　司昌静
责任印制　方朋远
责任校对　孙会香　梁　凡

中国物资出版社出版发行
网址：http://www.clph.cn
社址：北京市西城区月坛北街 25 号
电话：（010）68589540　邮政编码：100834
全国新华书店经销
北京京都六环印刷厂印刷

开本：710mm×1000mm　1/16　印张：12　字数：228 千字
2010 年 3 月第 1 版　2010 年 3 月第 1 次印刷
书号：ISBN 978-7-5047-3320-7/TH·0096
印数：0001—3000 册
定价：22.00 元
（图书出现印装质量问题，本社负责调换）

前　言

输送技术装备是现代物流技术体系的重要内容，对于提高物流作业效率，减轻物流作业劳动强度，降低物流成本具有重要的作用。了解物流输送技术装备的技术原理，掌握输送技术装备的选择、配置、使用和管理方法，既是对物流操作人员的基本技能要求，同时也有助于提升物流实务人员的管理能力。

本书共分10章，以输送装备为线索，在各章节中分别介绍了每种输送系统的分类及应用，并且针对具体的输送设备讲解其性能及选型方法，还包括各种设备的使用方法和常见故障解决方法。第1章是输送系统概述，阐明了输送系统在物流业中的重要性以及特点。第2章介绍连续输送机械，讲述了连续输送设备的分类以及连续输送设备的相关参数。第3章至第6章分别介绍了带式输送机、刮板式输送机、斗式输送机以及螺旋式输送机的分类、特点、适用范围、使用维护等方面的内容。第7章至第9章分别介绍了与连续输送设备不同的管道输送设备，其中包括气力输送机、管道水力输送以及油气管道输送系统。第10章分别介绍了常见袋装物料的特性、散粒物料连续输送机的输送能力、连续输送机的水平运距和提升高度、气力输送机与其他输送机的特点比较、我国天然气的技术指标和管道天然气气体指标。

本书面向物流输送岗位操作人员，遵循实用的原则，内容体系全面、翔实，是广大物流输送作业人员的业务参考书。由于作者水平有限，书中难免有不妥和错误之处，敬请读者予以指正。

作　者

2009年12月

目 录

1 输送系统概述

1.1 输送系统定义

输送系统是由一系列固定的或可移动的设备组成的，以把物料按照一定线路从装载点输送到卸载点为目的的机械系统。与运输系统不同，输送系统在将物料从起始点输送到目的点的过程中，输送系统本身并不发生位置移动，或只是输送系统中的某些部件发生位移。常见的输送系统包括：带式输送机、刮板式输送机、斗式输送机、螺旋式输送机、气力输送机、链式输送机和管道输送等。本书中所提的输送系统主要指各种连续输送机械系统以及输送管道系统。

1.2 输送系统的特点

1. 连续输送机械的特点

连续输送机械是物料搬运机械的一种主要类别。它是以形成连续物流方式，沿一定线路输送一定种类货物或人员的机械装置。连续输送机械具有以下特点。

(1) 优点

①输送能力大。可以不间断地连续进行输送，其装载和卸载是在输送过程不停顿的情况下进行的，与车辆运输方式相比不必因空载回程而导致输送间断。同时，由于不经常启动和制动，故可采用较高的工作速度。

②结构比较简单。连续输送机械沿一定线路全长范围内设置并输送货物，动作单一，结构紧凑，自身质量较轻，造价较低。因受载均匀、速度稳定，工作过程中所消耗的功率变化不大。在相同输送能力的条件下，连续输送机械所需功率一般较小。

③输送距离可以较长。不仅单机长度可以增加，且可由多台单机组成长距离的输送线路。

④便于实现程序化控制和自动化操作。

（2）缺点

①通用性较差。每种机型一般只适用于输送一定种类的货物。

②必须沿整条输送线路布置。输送线路一般固定不变，在输送线路变化时，往往要按新的线路重新布置。在需要经常改变装载点及卸载点的场合，须将输送机安装在专门机架或臂架上，借助它们的移动来适应作业要求。

③大多不能自动取料。除少数连续输送机能自行从料堆中取料外，大多要靠辅助设备供料。

④不能输送笨重的大件物品；不宜输送质量大的单件物品或集装容器。

2. 管道输送的特点

（1）优点

①运量大。一条输送管道可以源源不断地完成输送任务。例如在油气输送过程中，根据其管径的大小不同，每年的运输量可达数百万吨到几千万吨，甚至超过亿吨。

②占地少。输送管道通常埋于地下，其占用的土地很少；输送系统的建设实践证明，输送管道埋藏于地下的部分占管道总长度的95%以上，因而对于土地的永久性占用很少。

③管道运输建设周期短、费用低。

④管道运输安全可靠、连续性强。由于石油、天然气易燃、易爆、易挥发、易泄漏，采用管道运输方式既安全，又可以大大减少挥发损耗，同时由于泄漏导致的对空气、水和土壤污染也可大大减少。此外，由于管道基本埋藏于地下，其运输过程受恶劣多变的气候条件影响小，可以确保运输系统长期稳定地运行。

⑤管道运输耗能少、成本低、效益好。

（2）缺点

灵活性差；输送货物种类比较单一，主要用来输送石油、天然气以及一些分类物料。

1.3 输送系统的用处

输送系统在国民经济的各个部门中得到了相当广泛的应用，已经遍及各行各业。

重工业及交通运输部门主要用于输送大宗散粒物料；在现代化生产企业中，连续输送机械是生产过程中组成有节奏的流水作业线所不可缺少的设备，通过连续输送机械的应用实现车间运输和加工安装过程的机械化，并实现程序化和自动化；在粮食、化工、轻纺、食品等许多部门，连续输送机械往往不单纯进行物料输送，还在输送的同时进行某些工艺处理；在大型工程项目的施工工地，连续输送机械可用来搬运大量土方和建材物料；在机场、港口，连续输送机械用来输送旅客和行李；在石油化工领域，输送管道已经成为石油、天然气最主要的输送途径之一。

表 1－1 列举了使用连续输送机械和输送管道的有关行业及所输送的货物名称。

表 1－1　　输送系统的主要应用行业和与其相对应的货物种类

行业（部门）	所输送的货物
采矿	煤炭、各类矿石、矿砂、矿粉等
冶金	各种钢管、型材、钢板、焦炭、炉渣等
电力	煤炭、粉煤灰、石灰石、石灰粉等
铸造	新砂、旧砂、型砂、型芯、煤粉、黏土粉、砂箱、铸锻件等
机械制造	各类机器零什、毛坯、半成品、铁屑等
建材	石灰石、生料、熟料、水泥、黄砂、黏土、碎石、耐火材料等
化工医药	各类化工医药原料及产品等
食品轻工	各种粮谷、面粉、糖、盐、奶粉、烟草等
橡胶	橡胶粒、橡胶制品、滑石粉、炭黑等
造纸	碎木料、锯屑、树皮、干纸浆、化学药品、石灰石、黏土、淀粉等
塑料	粉粒状的聚乙烯、聚氯乙烯、尼龙、酚醛树脂等
港口	煤炭、矿石、矿砂、矿粉、砂土、盐、糖、粮谷、水泥、化肥等
石化	石油、天然气、酒精等

在实际应用中，除了采用各种通用连续输送机械（如通用带式输送机）、特种连续输送机（如特种带式输送机）和输送管道以外，往往还根据生产作业的需要，将各种连续输送机安装在不同结构型式并具有多种工作机构的机架或门架上构成某种专用机械。

以港口的散粒物料连续装卸船为例，我国的各个散粒物料出口专业化码头均装备了以带式输送机为主体的散粒物料装船系统；而在散粒物料进口专业化码头上则有以各种连续输送机为主体的散粒物料连续卸船系统，例如用于散粮码头卸船作业的双带式卸船机、波形挡边带式卸船机（秦皇岛、连云港）、埋刮板卸船机、气力吸粮机等，用于化肥卸船作业的螺旋卸船机，用于煤炭卸船作业的链斗卸船机，用于卸驳船作业的悬链式链斗卸船机。这些散粒物料连续装卸机械的迅速发展开拓了连续输送机械新的发展领域。

1.4 输送系统的构成

输送系统种类有很多，主要包括前面提到的带式输送机、刮板式输送机、斗式输送机、螺旋输送机、气力输送机、链式输送机和油气管道输送系统等。虽然输送系统的种类很多，但是这些系统的构成具有一定的相似性，主要有以下几个基本组成部分。

1. 动力装置

动力装置是输送系统输送物料过程中的动力来源，常见的输送系统中通常由电动机或者内燃机充当动力部分，负责把电能或者化学能转化成输送系统运行所需要的动能，以驱动载料装置运动。

2. 传动装置

传动装置是输送系统中将动力部分产生的动力传动给载料装置用以完成输送物料活动的装置。在不同类型的输送系统中，传动装置由不同的机械构件或由物料本身充当，例如带式输送机的传送带、链式输送机的传动链条；在油气管道输送系统中，传动装置则是被输送的石油或者天然气。

3. 载料装置

载料装置是输送系统中装载物料的部件，是直接接触所运送的物料的部分，它一般连接在传动装置上或与传动装置一体，多数情况下通过循环往复的运动将物料从装载点运送到卸载点。

邮政地铁

在伦敦市中心大约21米深处，有一条不运送乘客的地下铁路。这条鲜为人知的地铁，已经默默无闻地为社会服务了60多个春秋。它就是英国皇家邮政部门所有的、专门用于信件和邮包快运服务的邮政地铁。这条全长10.5千米的地铁，全线共有7个车站，每天运行22小时，为两条地上干线的6个邮局和两个火车站运送书信包裹，是目前伦敦最繁忙的地铁之一。它有34辆无人驾驶的电动车辆，每辆车长8.2米，正好装载4个邮件集装箱，总共可以装15个书信邮袋或6个包裹邮袋。车辆侧面可以打开，搭在站台上，便于装卸。运输高峰期间，每4分钟发一次，可以把两辆车联挂在一起运行，以提高其运输能力。装载邮件的车辆从帕廷顿站出发，经过5个中间站交接，最后到达东区邮局所在地白色教堂路站，全程只需26分钟，被誉为英国最快速、效率最高的邮政通道。现在，这条功能独特的地铁，正在加速实现设备的现代化。不久，这条地下邮政通道将成为英国邮件流量最大、投递最快的输送技术运用典范。

日本目前也在用地下列车运送邮件。这一系统设在地下50米深处，用直径5米的隧道，将东京地区的8个主要邮政局、12个邮政支局和一些邮政所联结起来，并在其中行驶无人操纵的邮件运输列车。整个隧道的长度为46.4千米。每列邮件运输列车由2节车厢组成，每隔2分钟发出一趟列车，它们的平均时速为30千米，最高时速可达70千米。

2 连续输送机械

2.1 连续输送机械概述

2.1.1 连续输送机械的分类

连续输送机的形式、构造和工作原理是多种多样的。由于生产发展的要求，新的机型正在不断增加。

1. 按传动特点分类

连续输送机械按传动特点可分为有挠性牵引构件的和无挠性牵引构件两类。

有挠性牵引构件输送机的特点是：物料放在牵引构件上或与牵引构件连接的承载构件上，利用牵引构件的连续运动来输送物料。这类输送机械除具有牵引构件、承载构件、驱动装置、张紧装置以外，一般还具有装载、卸载、改向等装置，它包括带式输送机、斗式提升机、板式输送机、自动扶梯等，它们分别采用输送带或链条作为牵引构件。

无挠性牵引构件输送机械的特点是：利用工作构件的旋转运动或往复运动使货物沿封闭的管道或料槽移动。它们输送货物的工作原理差别较大，共性零部件很少，包括螺旋输送机、振动输送机、滚柱输送机等。

2. 按输送对象分类

连续输送机械按输送的对象可分为输送散粒物料、输送成件物品和输送人员（例如自动扶梯及自动人行道）三类。其中输送散粒物料的连续输送机械形式最多，应用最广，输送能力也最大。输送人员的机械必须具备多种安全装置。

3. 按安装形式分类

连续输送机械按安装形式可分为固定式、移动式和移置式三类。大多数连续输送机械均沿输送线路安装在固定的机架上。移动式仅适用于输送距离短、作业地点多变的场合。移置式则适用于输送机械在使用一段时间后需要移动一定距离以继续使用的场合。

4. 按输送机理分类

连续输送机械按机械输送机理可分为机械式和流体式两类。机械式是依靠工作构件的机械运动进行输送；流体式则是利用空气或水等的流体动力通过管道进行输送。有牵引构件和无牵引构件的输送机械以及连续装卸机械属于机械式的，而气力输送装置和液力输送装置则属于流体式的。

连续输送机械按机理来分类，主要有以下设备：

有牵引力构件的输送机、无牵引力构件的输送机、流体输送装置、连续装卸机械、输送机辅助装置、带式输送机、斗式输送机、板式输送机、刮板式输送机、埋刮板输送机、悬挂输送机、架空索道、自动扶梯、螺旋输送机、振动输送机、滚柱输送机、气力输送机、液力输送机、斗轮取料机、斗轮堆取料机、存仓装置、供料器、称量装置、闭锁器。

2.1.2 输送物料的分类与特性

设计或使用输送系统之前，必须先熟悉所输送货物的主要特性，因为货物特性对输送系统的选型、主要参数的确定等关系颇大。

输送系统所输送的货物可分为成件物品、散粒物料、液态物料和气态物料四大类，在此我们介绍成件物品和散粒物料两大类。

1. 成件物品的主要特征

成件物品的种类繁多，应用连续输送机械进行输送的主要是袋装、箱装、桶装和其他各种单件物品。如在厂内输送、堆垛或港口装卸的袋装粮食、化肥；在机场输送的旅行箱、小行包；在制造、装配生产流水作业线上输送的单件零部件、铸件、锻件等。如果是轻小成件物品，则可集装于容器内进行单元化输送，这种单元也可视为成件物品。

被输送的成件物品的主要特征是质量、外形尺寸（长、宽、高）、物品的重心高度及其变动范围、物品底面形状及其物理性质以及包装形式等。对一些较特殊的成件物品还应考虑其他特性，如物品的温度、物品放置或悬吊的方便性、易燃性、爆炸危险性等。（见 10.1）

2. 散粒物料的主要特性

连续输送机械大多用于输送散粒物料，也就是不进行包装而成批堆积在一起的块状、颗粒状、粉末状物料。这些物料的主要特性分别介绍如下。

（1）粒度和颗粒组成

单一散粒体的尺寸大小称为物料粒度，以长度单位表示。对球形或类似球形颗粒，其粒度以球体直径表示；对椭圆球体颗粒以其长径表示；对长方体或小规则形体颗粒则以其最大对角线长度表示。

大多数散粒物料均含有大小不等的颗粒。物料中所含的不同粒度颗粒的质量分布状况称为物料的颗粒组成。它反映散粒物料颗粒尺寸大小的均匀程度。

物料的颗粒组成可用物料颗粒级配百分率和典型颗粒粒度来表示。

物料颗粒级配百分率有分计级配百分率和累计级配百分率两种表示法。前者指物料样品中各个不同粒度级别的颗粒的质量占该样品全部颗粒总计质量的百分比；后者指物料样品中大于某粒度的各个粒度级别的颗粒的累计质量占该样品全部颗粒总计质量的百分比。

典型颗粒粒度是表示整批取样物料的粒度大小的特征指标。

典型颗粒粒度用 d_0（mm）表示，且按下述原则确定：

对分选物料：

$$d_0 = \frac{d_{max} + d_{min}}{d}$$

对原装物料：

$$d_0 = 0.8d_{max} \text{ 或 } d_0 = d_{max}$$

在原装物料中，粒度级别为 0.8～1 倍最大颗粒 d_{max} 的物料料组，叫做物料的最大颗粒料组。

当最大颗粒料组的物料质量大于取样物料质量的 10%时，典型颗粒粒度为：$d_0=d_{max}$

当最大颗粒料组的物料质量小于或等于取料物料质量的 10%时，典型颗粒粒度为：$d_0=0.8d_{max}$

原装物料要求进行完整的粒度分析。在粒度分析中，各料组内的粒度极限比值不应超过 2.5。

散粒物料的物料特性分为 8 级，见表 2－1。

表 2－1　　散粒物料特性分级

级　别	粒度 d（mm）	粒度类别
1	＞100～300	特大块
2	＞50～100	大块
3	＞25～50	中块

续 表

级 别	粒度 d (mm)	粒度类别
4	>13～25	小块
5	>6～13	颗粒状
6	>3～6	小颗粒状
7	>0.5～3	粒状
8	0～0.5	尘状

对于粒度大于0.5毫米的物料常用筛分法，并以筛分网的目数来表示其粒度的范围。目是指每平方英寸筛网上的空眼数目，50目就是指每平方英寸上的孔眼是50个，500目就是500个，目数越高，孔眼越多。除了表示筛网的孔眼外，它同时用于表示能够通过筛网的粒子的粒径，目数越高，粒径越小。

(2) 堆积密度

在自然松散堆积状态下占据单位体积的干燥松散物料的质量，叫做该料的堆积密度，用 ρ_0（千克/立方米）表示。

由于物料颗粒之间存在间隙，当物料处于储存状态，下层物料会被上层物料压实，而物料在机械式输送过程中因受振动同样可能被振实。物料在压实或振实状态下的堆积密度大于松散状态下的堆积密度，前者与后者之比用压实系数 K 表示，显然 $K>1$。对于砂，$K=1.12$；煤，$K=1.4$；矿石，$K=1.6$。

其余各种不同物料的压实系数大致在 $K=1.05\sim1.52$。此外，当物料从容器中倾斜流出，物料受到充气流态化或经历气力输送之后，物料的松散程度和堆积密度也将发生变化，处于充气状态的堆积密度明显减小。在设计中，与所需存仓装置、供料器等的容积以及输送机械的输送能力的计算有关。

常见物料的堆积密度见表2-2。

表2-2　散粒物料的特性参数

物料名称	堆积密度 (kg/m³)	自然堆积角（静）(°)	对钢的静摩擦系数
小块干燥无烟煤	800～950	45	0.84
铁矿石烧结矿	1700～2000	45	0.9
干燥磷石灰	1300～1700	30～40	0.58

续 表

物料名称	堆积密度（kg/m^3）	自然堆积角（静）（°）	对钢的静摩擦系数
小块石膏	1200～1400	40	0.78
干燥、小块的黏土	1000～1500	50	0.75
块度均匀的圆砾石	1600～1900	30～45	0.8
炉灰（干）	400～600	40～50	0.84
中等块度焦炭	480～530	35～50	1.0
面粉	450～660	50～55	0.65
木屑	160～320	39	0.8
砂（干）	1400～1650	30～35	0.8
小麦	650～830	25～35	0.6
稻谷	550～570	35～45	0.57
各种块度的铁矿石	2100～3500	30～50	1.2
水泥（干）	1000～1300	40	0.65
碎石（干）	1500～1800	35～45	0.74
砂糖	720～880	51	0.85
细盐	900～1300	48	0.7
玉米	700～800	35	0.58
大米	800～820	23～28	0.58

物料的堆积密度数值还与其湿度（含水率）有关。

（3）湿度（含水率）

物料除了本身含有以形成化合物的方式而存在的结构水以外，还有物料颗粒从周围空气中吸收的湿存水和存在于物料颗粒表面和颗粒间的表面水。仅含有结构水的散粒物料称为干燥物料。

散粒物料的湿度（含水率）是指物料试样中所含湿存水和表面水的质量与该物料试样经烘干后的质量之比。

除了物料的含水率外，还要注意物料的吸湿性。

有些物料如硝酸钠、硝酸铵、氢氧化钠等容易从大气中吸收水分而潮解，有些物料如苏打粉、奶粉、盐、芒硝等则容易从周围吸收水分而结块。

(4) 堆积角(自然坡度角)

堆积角(自然坡度角)是指物料从一个规定的高度自由均匀地落下时，所形成的能稳定保持的锥形料堆的最大坡角，即自然堆放的物料表面与水平面之间的最大夹角。它反映了物料的流动性，也就是在四周无侧壁限制的条件下，散粒物料所具有的向四周自由流动的特性。堆积角越小则流动性越好，而物料的流动性又与其颗粒之间的黏性和内摩擦力有关。对于同种物料，堆积角大小随其湿度、粒度和形状等不同而变化，粒度越小则堆积角越大，颗粒形状越接近球形则堆积角越小。粉末状物料充气时的堆积角显著地减小。

堆积角有静态和动态之分，在静止平面上自然形成的叫静堆积角，用 ρ 表示。在作振动的平面上测得的堆积角称动堆积角，用 ρ_d 表示。一般动堆积角 $\rho_d=(0.65\sim0.8)\rho$，可取 $\rho_d=0.7\rho$。

常见物料的静堆积角见表 2-2。

(5) 外摩擦系数

物料的外摩擦系数是指散粒物料与之接触的某种固体材制表面之间的摩擦系数，其数值等于该物料对该表面之间的摩擦力与法向正压力之比值。

外摩擦系数是该物料对该固体表面的外摩擦角的正切函数。外摩擦系数不仅与固体表面的材料有关，而且与表面的形状和粗糙度有关。

外摩擦系数有静态和动态之分。静态是指在物料与固体表面相对静止状态下测得的数值；动态是指物料与固体表面之间以一定速度相对滑移时测得的数值。试验表明，动摩擦系数大致为静摩擦系数的 70%～90%。

常见散粒物料对钢的静摩擦系数见表 2-2。

(6) 其他特性

除了以上列举的散粒物料基本特性以外，对于具体的设计和选型任务，有时还要考虑对连续输送机械选型和部件结构等有重要影响的散粒物料其他方面的特性，如散粒物料(以下简称物料)的磨琢性、爆炸危险性、腐蚀性、有毒性、粘附性、脆性以及物料的温度等。

物料对输送设备的磨琢性可用其莫氏硬度来表示。莫氏硬度共分 10 级。最软的矿石是滑石，它的莫氏硬度定为 1；最硬物料的莫氏硬度为 10，以金刚石为代表。物料越硬，其磨琢性越大。对各种被输送的物料，可按其莫氏硬度值分为磨琢性不同的 4 类。部分物料的磨琢性分类见表 2-3。物料的磨琢性除取决于硬度外，还受粒度和形状等因素影响。对同一种物料，粒度越大，表面棱角越尖锐，则其磨琢性越大。

表 2-3　　物料磨琢性分类

物料类别	莫氏硬度	物料名称
非磨琢性	1～2	蜡、石墨、滑石、硝酸铵、沥青、冰、膨润土、石膏、硫磺、苏打粉、一般食品、可可、面粉、淀粉、糖等
轻微磨琢性	2～3	熟石灰、黏土、无烟煤、硼砂、酚醛、聚酯、食盐、芒硝、碳酸氢钠、磷酸钠、方解石、铝土矿、一般塑料、云母等
中等磨琢性	4～5	氟石、碳酸镁、磷灰石、石棉、磷酸钙、炭黑等
强磨琢性	6～7 级以上	正长石、浮石、黄铁矿、石英、二氧化硅、砂、铝土陶瓷等

物料粉尘的爆炸危险性取决于粉尘的性质、粉尘的表面积和粉尘在空气中的浓度，同时还要有一定的引爆源。可燃粉尘因表面积较大，很易受热起火。当空气中的含尘量达到一定浓度并遇到具有一定能量的火种时，粉尘便会急剧氧化燃烧，在瞬间释放出大量的热能，同时产生的大量气体来不及扩散，使压力急剧升高而引起剧烈爆炸。

粉尘的粒度越小，其表面积越大。对粉尘爆炸来说，最危险的粉尘粒度范围是 5～70 微米，如粒度大于 150 微米，其危险性大为减小，粒度大于 420 微米，一般在空气中不爆炸，除非其化学性质不稳定。

空气中含尘浓度很低时，粉尘之间的距离较大，即使一些粉尘着火后也不易传递到其他粉尘上，因而不会引起爆炸。含尘浓度过高时，由于氧气数量相对减少，粉尘不能完全燃烧，也不会引起剧烈爆炸。由此可知，每种易爆粉尘在空气中均有其最低和最高浓度。

就粉尘的性质而言，其爆炸性可用它的爆炸危险级别来表示。按粉尘的起爆敏感性、爆炸猛烈性和爆炸危险性将各种粉尘分为弱、中、强、剧烈四级，见表 2-4。由表 2-4 可知，在爆炸危险性强或剧烈的粉尘中，煤尘、硫磺等是燃烧热能大的物质；镁粉、铝粉等是氧化速度快的物质；淀粉、谷物、塑料类粉末是导电性不良、容易积聚静电而产生电火花的物质。

表 2-4　　粉尘在空气中的爆炸危险级别

分　类	粉尘名称	起爆敏感性	爆炸猛烈性	爆炸危险级别
农牧产品	可可	强	强	强
	咖啡	中	弱	弱
	谷物	强	剧烈	强
	奶粉	强	中等	强
	淀粉	剧烈	剧烈	剧烈
	糖粉	剧烈	剧烈	剧烈
	小麦	强	强	强
	面粉	强	强	强
碳素物	活性炭	弱	中等	弱
	沥青	强	剧烈	强
	炭黑	弱	—	弱
	煤尘	强	中等	强
	焦炭	弱	—	弱
	天然沥青	剧烈	强	剧烈
	石墨	弱	—	弱
	硬柏油脂	强	中等	强
金属和矿物	铝	中等	剧烈	剧烈
	铬	弱	—	弱
	钢	弱	中等	弱
	铁	弱	弱	弱
	镁	中等	中等	剧烈
	锰	弱	弱	弱
	黄铁矿	弱	—	弱
	硫磺	强	—	强
	锡	弱	剧烈	弱
	钦	强	剧烈	剧烈
	锌	弱	弱	弱

续 表

分 类	粉尘名称	起爆敏感性	爆炸猛烈性	爆炸危险级别
塑料和其他	丙烯酰胺	强	中等	强
	丙烯蜡	剧烈	剧烈	剧烈
	纤维素	中等	剧烈	强
	醋酸纤维素	强	强	剧烈
	环氧树脂	剧烈	强	强～剧烈
	有机玻璃	剧烈	强	强～剧烈
	耐纶	强	强	强～剧烈
	酚醛	强	强	弱～剧烈
	聚乙烯	剧烈	强	强～剧烈
	聚丙烯	强	中等	弱～强
	聚氨酯	剧烈	强	剧烈
	聚酯	强	强	强～剧烈
	树脂	极剧烈	剧烈	—
	橡胶	剧烈	强	弱～剧烈
	苯乙烯	强	强	中等～剧烈
	尿素	弱	—	弱
	锯屑	强	剧烈	强～剧烈

物料的腐蚀性取决于其酸碱度，用 pH 值来表示。酸碱度 pH 值的范围为 0～14，pH 值等于 7 表示中性，小于 7 表示酸性，数值越小表示酸性越强；大于 7 表示碱性，数值越大表示碱性越强。对于具有腐蚀性的物料，应详细了解该物料对不同金属的腐蚀程度。

有毒性的物料其毒性有大小之分，有的毒性物料与人体接触会引起疾病，如皮肤发炎、呼吸道疾病等，有的毒性剧烈的物料可能使人中毒死亡。这类物料在输送过程中必须严格防止外泄。

物料的粘附性表现为其颗粒之间不仅有内摩擦力，还存在着黏聚力，致使颗粒相互粘结或粘附在输送设备上。影响物料粘附性的因素很多：有的物料是粒度极小的细粉，由于分子之间的作用力而粘附，如炭黑、氧化钛等；有的物料会吸收周围的水分而粘附，如某些盐类、芒硝等；有的物料因带静电而粘附，如某些塑料类粉末；还有的物料受热熔融软化而粘附，如石蜡等。在设计和选型时应根据不同情况采取相适应的措施。

脆性物料在输送过程中容易发生破碎，而某些物料如粮谷、食品、焦炭、种子等的破碎将影响其质量甚至报废。因此，在设计和选型中应选择低速输送或采用适当的防止冲击碰撞措施，避免物料破碎损失。

2.2 连续输送机械系统的主要参数和选型

2.2.1 连续输送机械系统的主要参数

连续输送机械系统的主要参数包括输送能力、水平运距、提升高度、工作速度、主要工作构件的特征尺寸和驱动功率等。

1. 输送能力

输送能力的单位用“吨/小时”、“立方米/小时”、“件/小时”或“人/小时”表示。一般根据生产需要、建设规模确定，它是设计或选用连续输送机械的主要依据。

2. 水平运距和提升高度

水平输送距离和垂直提升高度的单位用“米”表示。它反映不同机型输送线路的特点以及同一机型输送机的规格大小，关系着所需驱动功率的计算，因而也是重要的参数。

3. 工作速度

具有挠性牵引构件的连续输送机械的工作速度指牵引构件的速度，即带速、链速、牵引索运行速度等，其单位用“米/秒”表示。无牵引构件的连续输送机械，其工作速度因机型而异。如螺旋输送机的螺旋转速，其单位用“转/分”表示；气力输送装置的输送风速，其单位用“米/秒”表示等。

工作速度不仅对输送能力起决定性作用，而且还影响连续输送机械运行的可靠性、经济性和工作质量等。例如，增加带式输送机带速可提高其输送能力，或在同样输送能力条件下采用较小的带宽，而输送带的线载荷和张力减小又可取较少的衬垫层数，这些都可降低输送带的成本以及减小输送机的尺寸和自重。由于输送带的价格在带式输送机的造价中占有很大的比例（一般占整机成本的40%～50%），因此，提高带速有很大的经济意义。但是，增加带速可能会扬起粉尘，造成被运物料的破损，还会在装载段、清扫段等处增加对输送带的磨损。又如气力输送装置的输送风速若选用过低，容易造成管道堵塞，若选择过高则会增加动力消耗及管道和部件的磨损，增大部件的尺寸，还可能造成物料破碎。因此，必须根据不同的机型、被输送物料的特性和具体的输送条件选取合理的工作速度。

4. 主要工作构件的特征尺寸

主要工作构件的特征尺寸是表征连续输送机械特点和规格大小的参数，通常是指带式输送机的带宽、斗式提升机料斗的宽度和深度、埋刮板输送机机槽的宽度和高度、螺旋输送机的螺旋直径、气力输送装置的输料管径等。上述各特征尺寸可用长度单位“毫米”表示。一般根据设计输送能力进行计算和选定。

5. 驱动功率

驱动功率是反映能耗大小的参数，它直接关系着连续输送机械动力装置的尺寸、重量、投资和运营成本。驱动功率用“千瓦”表示。一般以输送量和输送距离平均的功率消耗数，即单位功率消耗指标作为评价各种输送机械的指标之一。

驱动功率取决于输送机械的运行阻力。选用合理的输送参数、改进输送机械部件的结构、尽量减小运行阻力可降低所需的单位功率消耗。

2.2.2 连续输送机械系统输送能力的计算

连续输送机械系统的输送能力计算方法如下：

1. 输送成件物品的连续输送机械系统输送能力的计算

输送成件物品的连续输送机械系统输送能力可按每件物品的质量或件数计算。

(1) 输送能力（吨/小时）

对于输送成件物品的带式输送机、板式输送机、悬挂输送机（见图 2-1）等，设工作速度为 v（米/秒），每件物品的质量为 G（千克），物品间距为 a（米），则输送成件物品以质量计的输送能力为：

$$Q=3.6Gv/a \text{（吨/小时）}$$

(2) 输送能力（件/小时）

对于输送成件物品的连续输送机械，见图 2-1，设工作速度为 v，物品与物品间的时间间隔为：$t=a/v$，则按每小时件数计算的输送能力为：

$$Q=3600/t=3600v/a \text{（件/小时）}$$

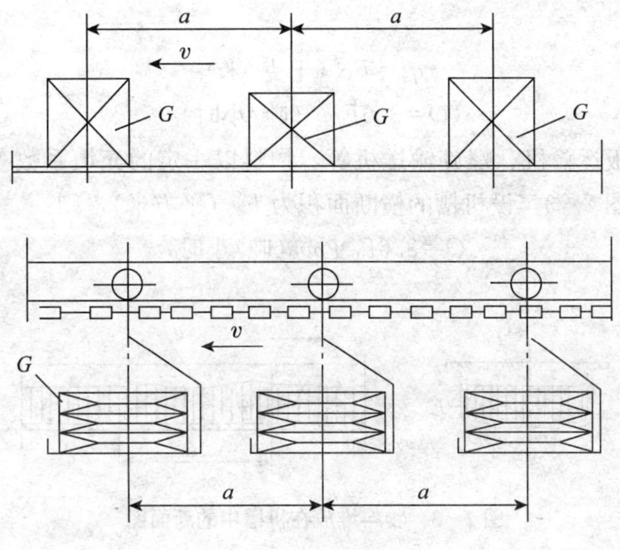

图 2-1　成件物品

2. 输送散粒物料的连续输送机械系统输送能力的计算

输送散粒物料的连续输送机械输送能力可按所输送散粒物料的质量或容积计算。

(1) 输送能力（吨/小时）

输送散粒物料的连续输送机械以质量计算的输送能力为：

$$Q=3.6q_g v \text{（吨/小时）}$$

式中：q_g——每米长度散粒物料的质量（千克/米）；

v——工作速度（米/秒）。

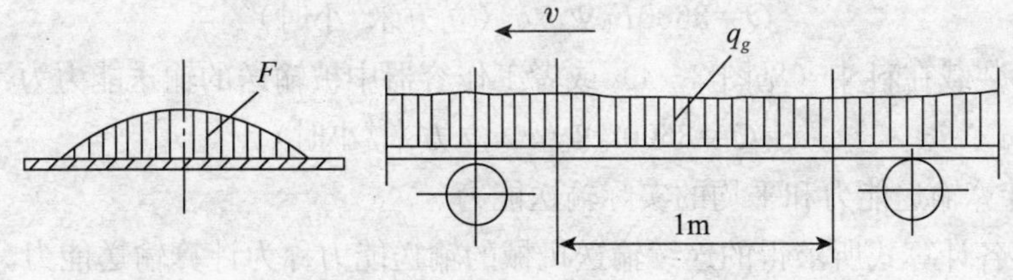

图 2-2　物料堆放在构件上的断面图

对于输送散粒物料的带式输送机、板式输送机等，物料是连续堆积在承载构件上的，见图 2-2，设物料的堆积横截面积为 F（平方米）、堆积密度为 ρ（千克/

立方米）则：

$$q_g = F\rho \text{（千克/米）}$$

$$Q = 3.6F\rho v \text{（吨/小时）}$$

对于埋刮板运输机、螺旋输送机等，物料以一定的充填系数 Ψ 堆积在机槽内被输送，见图 2-3，设机槽的横断面积为 F_0（平方米），则：

$$Q = 3.6F_0\Psi\rho v \text{（吨/小时）}$$

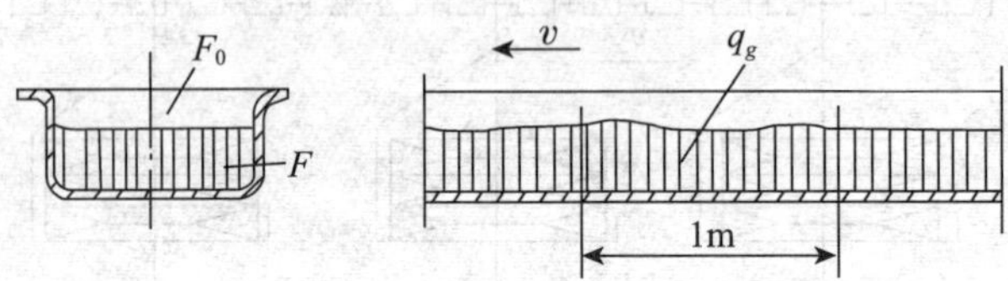

图 2-3　物料堆放在机槽中的断面图

对于物料装载容积为 i_0（立方米）的工作构件内被输送的连续输送机械，见图 2-4，物料装在料斗中的斗式提升机，设料斗的间距为 a（米），每一料斗物料的容积为 i（立方米），料斗内的物料充填系数为 Ψ，即 $i = i_0\Psi$，则物料每米长度的质量和输送能力为：

$$q_g = 1000i\rho/a = 1000i_0\rho\Psi/a \text{（千克/米）}$$

$$Q = 3600i\rho v/a = 3600i_0\rho\Psi v/a \text{（吨/小时）}$$

（2）输送能力（立方米/小时）

物料堆积在承载构件上被输送（见图 2-2）的输送能力为：

$$Q = 3600Fv \text{（立方米/小时）}$$

物料堆积在机槽内被输送（见图 2-3）的输送能力为：

$$Q = 3600F_0\Psi v/a \text{（立方米/小时）}$$

物料装载在料斗（见图 2-4）或者工作容器中被输送的输送能力为：

$$Q = 3600i_0\Psi/a \text{（立方米/小时）}$$

3. 计算输送能力和平均的实际输送能力

上述各计算式所求得的连续输送机械的输送能力称为计算输送能力。它等于或大于平均的实际输送能力 Q_a，即：

$$Q = kQ_a$$

式中：k——供料不均匀系数，$k \geqslant 1$。

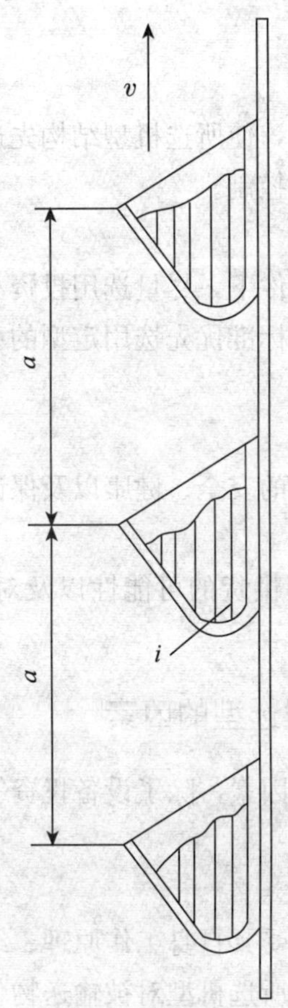

图 2－4　物料装在料斗中的断面图

从以上公式可知，连续输送机械的输送能力取决于每米输送长度物料的质量、输送工作速度和供料的情况。加大工作构件尺寸、增大物料堆积断面面积和充填系数可以提高每米输送长度物料的质量和输送机械的输送能力，而提高工作速度可使同样输送能力的输送机械断面尺寸减小。由于连续输送机械大多不能自行取料，所以实际物料堆积断面面积或成件物品间距的大小、输送机械实际输送能力的大小在很大程度上取决于能否均匀而充分的供料。

2.2.3　连续输送机械系统的选型原则

连续输送机械系统选型的基本原则是满足生产与工艺的要求。在选型时应使所选机型符合被输送物料的特性、输送量、输送线路以及现场的具体条件和要求，并考虑以下几项具体原则：

（1）先进性和可靠性原则

尽量采用国内外先进技术，使所选机型结构先进、性能可靠，便于操作和维护管理，便于程序化和自动化控制。

（2）合理性和经济性原则

在满足生产工艺要求的条件下，尽量选用投资小、能耗低、效率高、维修简便的机型。要根据国家和行业标准优先选用定型的系列产品，以便减少备件的数量，降低维修费用。

（3）安全性和环保原则

所选机型应保障操作人员的安全、健康以及保证物料的质量，避免粉尘、噪声等污染环境。

此外，还应考虑所选机型供货的可能性以及对今后进一步发展生产的适应性等。

2.2.4 影响连续输送机械选型的因素

影响连续输送机械选型的因素，除了设备投资等经济因素外，主要有以下几方面。

1. 输送物料的种类和特性

由于各种连续输送机械都受其自身工作原理、结构特点的限制，不可能对所有物料的输送都很适应，如果所选机型对被输送物料不适应，就会引起故障甚至不能工作。因此，被输送物料的种类和特性对连续输送机械的选型是至关重要的，不只关系到连续输送机械的主要参数的确定、结构的设计和零部件材料的选择，而且关系到连续输送机械的正常运转。

连续输送机械所输送的物料种类繁多。大多数连续输送机可适用于多种物料的输送，而袋装、箱装、单件等小件物品只能选用带式、板式、悬挂、滚柱或托架提升机。双螺旋输送机也可输送小的成件物品，但实际应用不多。此外，某些轻小物品（如单据、邮件等）可选用小型容器式气力输送。

各种物料的特性差异很大，以粒度而言，有小至约 0.1 微米的炭黑粉，大至超过 300 毫米的煤块。一般来说，承载构件敞开的带式、板式等输送机可输送较大粒度的物料。但微细粉料因容易扬起粉尘，宜采用气力输送、螺旋、埋刮板等输送机，因其输送线路封闭，可以输送易扬尘甚至有毒的物料，但被输送物料的粒度受到管径、机槽和弯道尺寸的限制。

不仅物料的粒度，而且物料的颗粒组成也与连续输送机械的选型有关。一般颗粒越细越易结块。物料中如含有较多的细粉就容易粘附和起拱。通常，颗粒较大且粒度分布较均匀的物料有利于流动，而粒度分布不均即多种不同粒度颗粒混合的物料在储存和输送过程中容易发生堵塞。此种情况与气力输送装置、辅助装置等的选型密切相关。

散粒物料的其他诸多特性对连续输送机械的选型同样有较大影响。

（1）物料颗粒形状的影响

通常均匀球形颗粒的流动性较好，自然坡度角较小，而多角形颗粒的摩擦阻力较大，表面多棱角的颗粒容易破碎，磨琢性较强，这对采用机槽或管道的输送机械选型影响较大。

（2）物料堆积密度的影响

物料堆积密度的大小直接影响输送机械以质量计的输送能力和存仓等辅助装置所需的容积。一般堆积密度较大的物料对部件的冲击磨损较剧烈，要求选用工作部件耐磨的机型。

（3）物料含水率和吸湿性的影响

含水率较高的物料扬尘性小，可以减小带静电或发生爆炸的可能性，但有些物料含水率高时黏性增大，有些物料容易从周围环境中吸收水分而在不同程度上成团结块，这些性质对利用机槽或管道的输送机械的选型影响更为显著。实践表明，有的物料随含水率升高而粘附机槽、管道、供料器，或在料斗出口处起拱，选型时就要考虑到该机型或部件能否采用。含水率高低对连续输送机械的输送能力也可能产生影响，以气力输送黏土为例，当黏土含水率在0%～37%时，含水率每增加1%，输送能力就降低15%。此外，某些粮谷会因含水率增高脆性减弱，从而降低输送过程中的破碎率。

（4）物料腐蚀性的影响

由于物料的酸碱度对不同金属各有一定的腐蚀作用，选型时要根据物料的腐蚀性强弱考虑是否需要采用不锈钢或其他特种材料。

（5）易燃易爆性的影响

对易燃易爆物料要选择能保障操作安全的机型，例如采用惰性气体的气力输送装置。

由于物料特性千差万别，上面仅列举了某些特性对连续输送机械选型的影响。值得注意的是，有些物料具有同样的名称和相似的外观，但其特性，如堆积密度、含水率、酸碱度等却相差甚多；有时同一物料因粒度及颗粒组成不同而具有完全不同的输送性能。因此，在连续输送机械选型时必须认真调研和周密考虑。

2. 输送量

在连续输送机械选型时，应使所选机型的输送能力满足生产工艺对输送量的需要。这是对选型的基本要求，是保证该生产项目达到预期效果的关键。

各种连续输送机的输送能力适应范围很广。以输送散粒物料的连续输送机为例，轻小型的输送能力不足 0.1 吨/小时，大型的甚至超过 10000 吨/小时。

随着连续输送技术的快速发展，连续输送机一方面向高输送能力发展，如我国用于秦皇岛港煤炭装船的带式输送机达 6000 吨/小时；北仑港矿石堆场的斗轮堆取料机的输送能力最大可达到 5250 吨/小时；上海港用于煤炭卸船的以链斗提升机为主体的链斗卸船机的输送能力达到 1200 吨/小时；武汉钢铁公司用于矿石卸船的悬链式链斗卸船机的输送能力达到 1200 吨/小时；上海港用于散粮的埋刮板卸船机为 1000 吨/小时；上海港用于卸化肥的螺旋卸船机为 500 吨/小时；散粮卸船的吸粮机为 400 吨/小时。另一方面出现了许多新颖的机型，如多种形式的特种带式输送机，多种能耗较低的气力输送装置等。这就为各种不同输送量要求的选型提供了更多的可选方案。

对于一定的输送量要求，应考虑哪种连续输送机械可以与之相适应，如果多种机型的输送能力都可达到工艺要求，则应根据选型原则进一步比较后择优选定。

常用散粒物料连续输送机的输送能力范围可参考 10.2。

3. 输送距离和线路布置

对输送距离和线路布置的要求也直接影响着连续输送机的选型。

在多种多样的连续输送机中，有的适用于简单线路，仅用于水平输送或仅用于垂直提升；有的可适应复杂的输送线路，按需要作水平、倾斜、弯曲或垂直布置。各种机型的输送线路大致可分为四类。

(1) 适用于水平或微倾斜输送

用于沿水平或与水平成小倾角输送的，如通用带式输送机。

(2) 用于垂直或大倾角输送

适用于垂直或与水平成大倾角输送的，如斗式提升机、波状挡边带式输送机、埋刮板式输送机。

(3) 可灵活布置的

可方便地改变输送方向，灵活地布置线路的，如气力输送装置。

(4) 仅允许下运的

只允许向下输送的，如空气斜槽。

能够实现长距离输送是连续输送机械的一个特点，其中以带式输送机最为突出，例如用于矿山和发电厂、矿山和港口之间的输送，最大单机长度目前可达15千米。

连续输送机械通过倾斜向上输送或垂直向上提升达到一定的高度，一般提升数十米，用于矿井的大型斗式提升机的提升高度可达数百米。

常用的连续输送机的水平运距和提升高度范围参数及其特点参考10.3。

4. 供料点与卸料点的要求

供料点的供料方式，对卸料以及与其他生产环节的衔接要求等也影响着连续输送机械的选型。例如，对于普通货船或铁路敞车的卸载，由于物料无法从供料点自行流出，必须选择具有取料功能的机型，如吸送式气力输送装置、链斗卸船机、带有连续取料装置的带式卸船机等。又如卸料终点的情况关系到卸料点可能是一个或者多个，这也影响到选型，对于需要多点卸料可选择压送式气力输送装置等。

5. 现场条件及要求

在连续输送机械选型时应掌握的现场情况包括：安装使用地点的环境温度、湿度、风、雨雾、冰雪等自然条件，附近是否存在有害粉尘、腐蚀性介质，当地对粉尘、噪声防治的要求，当地的供电、供水情况以及其他生产环节对所选机型的要求等，这些条件和要求对选用机型及其结构材料和电动机形式等都有一定影响。

6. 连续输送机械的其他性能特点

除了上述连续输送机械适用的物料种类、输送能力、输送线路等性能特点以外，还有其他方面对连续输送机械的选型有重要影响的因素。

(1) 结构方面

具有挠性牵引构件的带式、板式、刮板式等输送机不但有输送物料的有载分支，还有空载的回程分支，输送段横断面尺寸较大；螺旋输送机无挠性牵引构件，没有回程分支，输送段横断面尺寸也较大；气力输送装置的输送段为输料管，其横断面占用空间小且可灵活布置，对于现有工程的改造项目、现场空间狭窄的情况下选用更加有利。

(2) 能耗方面

几种常用连续输送机械的能耗以带式输送机的单位功率消耗为最小；垂直螺旋、埋刮板输送机等能耗较大；传统的悬浮式气力输送装置的能耗最大。所以，一般对大宗散粒物料的输送应优先选用带式输送机等能耗低的机型，而对小批物料则可更多考虑其他机型。

(3) 安全、环保方面

对于易燃易爆的物料，采用气力输送比采用机械式输送更为安全；对于脆性、怕碎的物料以及谷物种子等，采用高速气流输送或螺旋输送机等会使被输送物料受损；对操作人员的安全来说，统计资料表明，采用机械式输送导致的工伤等安全事故比例高于采用气力输送；对容易扬尘的细粉末物料，采用封闭式机槽或气力输送可减少粉尘对环境造成的污染，同时减小因粉料外扬造成的经济损失；对靠近居民生活区等要求安静的地带，尽量不要选用高噪声的机型，如气力输送装置等。

(4) 与加工过程的其他工艺操作相结合方面

有些连续输送机械在输送过程中能够与其他加工工艺操作很好地结合。如气力输送过程中可进行一些通风、除尘、风选、冷却、干燥等工作；又如板式输送机在输送铸锻件、机器零部件过程中可进行洗涤、喷漆、烘干、淬火、冷却、检验等工作。输送机械在这方面的特点同样对选型有一定的影响。

2.3 连续输送技术在物流行业中的使用案例分析

城市地下物流系统

城市地下物流系统（Underground Logistics System，ULS）作为一种具有广阔应用前景的新型城市物流系统，具有速度快、成本低、全自动化、准确性高等优势，是解决城市交通拥堵、减少环境污染、提高城市货物运输的通达性和质量的有效途径。

地下物流运输系统是除传统的公路、铁路、航空及水路运输之外的第五类运输和供应系统。由于近年相关技术的不断成熟（如电子技术、电子商务、地下管道的非开挖施工技术等），该领域的研究也越来越受到重视。西方许多发达国家正积极开展这方面的研究，主要有德国的鲁尔波鸿大学（Ruhr University Bochum）、美国的密苏里哥伦比亚大学（University of Missouri-Columbia）、荷兰的代尔夫特大学（Delft University）以及日本的东京大学（Kyoto University）等。目前，日本、荷兰等国家正在筹划地下物流系统的实际运用。荷兰正在进行连接阿姆斯特丹机场、世界上最大的阿斯米尔花卉市场（Aalsmeer）和 Hoofddorp 铁路中转站的地下物流系统可行性研究，整个系统在地下运行，仅在花卉市场和铁路中转站升到地面。此外，伦敦早已开始使用地下物流系统。英国皇家邮政从 20 世纪初就建成一条 37 公里长的专门用于传输信件和邮包的轨道，现在正计划利用该系统向牛津街上大超市和商店配送货物。

以上应用实例只能看做是管道物流的初级形式，美、荷以及日本的研究主要集中在管道的水力和气力输送以及大型地下货物运输系统（UFTS），德国波鸿鲁尔大学斯坦恩教授领导的课题组在 1998 年得到北莱茵威斯特法伦州政府的资助开始研究地下管道物流配送系统。

1998 年，地下物流国际研讨会（International Symposium on Underground Freight Transport by Capsule Pipelines and Other Tube/Tunnel Systems）执行委员会委员斯坦恩教授组建起了一个 15 人的跨学科研究小组，开始研究地下货物运输的新途径，这个项目被命名为 Cargo-cap。

斯坦恩教授和他的波鸿大学研究小组认为，Cargo-cap 的地下管道运输方案是解决大城市和卫星城镇交通瓶颈的一个理想手段。目前鲁尔区内的公路承载过重，人货运输混杂，但由于环境保护问题，高速公路无法无限扩建。另外，近年来发展迅速的电子商务也给物流业带来新的挑战：顾客通过网络预定的货物体积变小，数量增多，运送的频率加快，而运送距离也加大。

按照 Cargo-Cap 的设想，在鲁尔区内大城市和工业园区之间的地下建造一条运输管道，管道直径不超过 1.6 米，这样可以不影响地面交通。这一系统应该是目前管道物流系统的最高级形式，运输工具按照空气动力学的原理进行设计，下面采用滚轮来承受荷载，在侧面安装导向轮来控制运行轨迹，所需的有关辅助装置直接安装于管道中。管道内由一种外型类似药丸的输送箱来运送货物，输送箱内可以运载两个欧洲标准载货板。输送箱由传统的三相电机驱动，在无人驾驶的条件下在直径约为 1.6 米的地下管道线路中运行，同时通过雷达监控系统对其进行监控。在系统中单个输送箱的运行是自动的，通过计算机对其进行导向和控制；尽管输送箱之间不通过任何机械的方法进行连接，在运输任务较大时，也可以使它们之间的距离很小，进行编组运输，其最小间距可以通过雷达控制系统控制在 2 米。在正常情况下，通过这种系统可以实现每小时 36～50 公里的恒定运输速度。

整个管道内的运输由计算机控制，无人驾驶。这种地下管道快捷物流运输系统将和传统的地面交通及城市地下轨道交通共同组成未来城市立体化交通运输系统，其优越性在于：可以实现污染物零排放、对环境无污染，且没有噪声污染；系统运行能耗低、成本低；运输工具寿命长、不需要频繁维修；可实现高效、智能、无中断物流运输；和其他地面交通互不影响；运行速度快、准时、安全；可以构建电子商务急需的现代快速物流运输系统，不受气候和天气的影响，是一种持续性发展的交通手段。

该系统的最终发展目标是形成一个连接城市各居民楼或生活小区的地下管道物流运输网络，并达到高度智能化。根据斯坦恩教授的设想，未来的家庭可以在客厅内电脑前按下鼠标，在网上订购中意的货物，而在一个小时或者更短的时间之内，地下管道便已经把货物直接送到住房的地窖里。据介绍，欧宝汽车公司在波鸿的工厂也正在考虑将 Cargo-Cap 的概念运用于厂区内物流系统，这样，零配件甚至可以通过管道直接输送到流水线上。

创新的蒙牛第六期物流中心

2006 年，蒙牛集团做出了投资建设蒙牛六期物流中心工程项目的决定，按照集团提出的“八化”，即国际化、智能化、规模化、立体化、展示化、人性化、差异化、系统化的要求，准备在呼和浩特市和林格尔县蒙牛集团总部建设国内规模最大、科技含量最高、集生产、科研、培训于一体的现代化工厂。

在生产项目中，共设置了 22 条生产线，包括 10 条利乐 22 型机（3 条苗条型、7 条标准型）和 12 条康美机（5 条苗条型、7 条标准型）。该项目生产能力为 1800 吨/20 小时，出库量为 5000 吨/22 小时。每天产品从包装车间的入库量约为 110 托盘/小时，出库量约为 250 托盘/小时，外来货入库量为 33 托盘/小时，出库需分拆的量为 30 托盘/小时。

该项目不仅在量上提出了要求，更为主要的要求是，从原、辅料及包材的输送到最后装车发运，整体上实现从生产到出库的无人化作业。

基于此要求，整体系统又分为三个子系统，即全自动立体库房及输送系统、内包材自动化立体库房及输送系统、辅料自动输送系统，这三个系统分别安装在内蒙古蒙牛乳业（集团）和林格尔县盛乐经济园区六期工程液态奶车间成品库房、包材库房及辅料库内。整个系统既要做到实现“八化”，同时又要做到经济性、灵活性、安全性与易维护相结合。

经过太原刚玉物流工程有限公司与蒙牛集团各方面专家的长时间共同调研、深入研究，形成了整体设计方案，并付诸实施。

1. 全自动立体库房及输送系统入库的主要流程

在生产区域，22 台封箱机与码垛机之间的输送链接头后，输送链在码垛前要提升，提升高度为 2 米，并要求提升输送链的设计有视觉效果。

在入库区，带产品的纸箱由机械手按货架层间距的尺寸要求，堆放在下游输送带的空托盘上。码好产品的托盘用环行穿梭车移动到和全自动库房内巷道连通的输送机上。托盘在上环行穿梭车之前，经过码垛合格检测装置，未通过者由小车送到整形装置处进行整形。

为提升整体自动化程度，码垛采用码垛机器人，托盘码垛机器人同时对两条或三条生产线进行码垛。码垛机械手为六轴式，满足每天连续使用20小时以上。

另外，苗条型产品的托盘需要用塑料薄膜缠绕入库。

经检测码垛合格的托盘被堆垛机放到计算机系统指定的位置上。

2. 出库的主要流程

堆垛机从货架上取出装有产品的托盘，送到库房外的循环穿梭车上。根据销售清单，产品托盘从辊式输送带被送到装货车旁。

在出库区，在循环穿梭车的某处设立产品分拆区域，需要分拆的托盘在此脱离循环穿梭车道，通过人工分拣后，再回到循环穿梭车道上。

输送系统的设置能够满足生产入库、空托盘进出库、成品出库、半托盘回库、产品分拆、外调入库的需求。

出库作业区设置20个停车位，满足20辆运输车同时进行装卸任务。立体库房中配置了计算机管理监控系统，可实现仓储作业的手动、单机自动和联机自动等控制方式，实现了控制方式的灵活性。

在高架库区出、入库端，各设置24条输送机与库房内24条巷道对应，同时在出入库端各设置8条回流输送机，满足空托盘的存储与调运，以及外来产品的回流。

高层立体库房共24个巷道，货架分布为24排76列12层、24排76列13层，共45600个货位。

3. 内包材库房系统

包材库内存放的是和牛奶直接接触的包材（包括纸卷和纸盒），因此对库房内的洁净度有较高的要求，相应设计采用自动化立体库房进行储存。各种包材从汽车卸下，经人工码盘，然后用叉车将托盘运至入库台上（一个入口），堆垛机将包材托盘按区域放置到货架上（两种尺寸货架）。根据生产的需求，由堆垛机自动将生产所需纸卷、纸盒托盘取出放到和生产车间相通的一端。从库房至生产灌装机之间的搬运采用激光导引自动搬运车（AGV小车）。系统在设计时，充分考虑了生产结束后剩余包材回库问题，并且在下次出货时还要优先使用剩余的包材。此外，库房还具备包材的外调和空托盘外出的功能。

包材库由驶入式货架组成，库区设置了 2400 个货位，配置了输送机。当包材由外采购入厂后，由人工卸车，用叉车将包材放置到输送机上，堆垛机接到指令后将货物就近或者按照预先设定的位置先放到穿梭板上，由穿梭板的往复运动将货物放置到库区。

在驶入式货架内部，由穿梭板负责完成货物的往复运动。

4. 辅料自动输送系统

车间外道路对面的驶入式辅料库房内存放着纸箱、吸管。在辅料库中指定的工位，由人工将纸箱拆捆后，按要求的数量、方向放到搬运车的装载模具内；吸管的出库也是在辅料库中指定的工位，由人工将吸管拆箱后把箱内所有的吸管放在搬运车上的周转箱内。纸箱、吸管从辅料库至生产车间装箱机和贴管机的搬运采用空中无人自动搬运悬挂车完成。

空中无人自动搬运车采用单轨道悬挂机构，搬运车在一条环行主轨道上运行，可自动将这些纸箱搬运到所需上料的装箱机，并自动投放到装箱机上的纸箱缓冲工位。生产结束后或更换品种时，输送系统能够将剩余的纸箱或吸管送回驶入式库房。

5. 计算机监控和管理系统

通过计算机监控和管理系统，蒙牛六期项目实现了对成品自动化库房、包材自动化库房、辅料库的管理。成品自动化库房、包材自动化库房要求实现联机全自动控制、监控和管理，即库房仓储物流信息管理系统、自动化库房控制与监控系统和自动化库房控制执行系统。

蒙牛六期项目建立了库房仓储物流信息管理系统，系统具备入库管理、出库管理、库存管理、数据采集、质检管理、批次管理、查询统计、系统管理、储位管理、人力资源管理、预警、纠偏、人性化操作界面等功能模块。系统的功能具体体现在：

（1）立体仓库作业由计算机实现监控作业，动态显示设备状态、位置及工作完成情况、故障情况提示、报警信息，可通过操作台紧急停止各种机电设备，并能显示库存货物的分布情况。

（2）采用计算机管理，使立体仓库货物与货位实时对应，实现货物的入、出库信息自动化管理，同时自动完成数据维护、查询、修改、清库报表、库存分析、报表打印等功能。

（3）为了实现液态奶公司信息化系统的整合，达到数据资源的实时共享及库与库之间的兼容性，立体库采用 SQL 数据库、NET 和 VB、VC 语言开发的软件系统。

(4) 计算机监控系统达到全汉化图形界面，系统具有良好的开放性，系统功能便于修改和再次开发。

(5) 计算机系统能够 24 小时连续运行。一旦出现故障，能够及时切换，保证正常工作、数据不丢失。

(6) 在货位管理方面，入库时的货位采用自由分配法，按照由下到上的原则，也可以具体指定任意货位；出库时，按入库登录顺序（入库日期和批号）进行出库，遵守先进先出的原则。

(7) 计算机管理系统同时对包材库进行兼管。

(8) 信息系统的接口要与目前常温奶部分正在使用的管理系统连接，并预留与七台河的接口，以备新系统的连接。其中，与分销的中间接口数据库软件为 SQLSERVER。

在蒙牛六期项目中，集成了空中悬挂系统、码垛机器人、环行穿梭车、直线穿梭车、自动导引搬运车 AGV、自动整形机、自动薄膜缠绕机、提升机下降机、液压升降台、货架穿梭板、堆垛机、链式输送机、辊式输送机、移动输送机、连续提升机、件箱连续输送机等众多物流周边设备，系统的复杂程度较高。

从控制系统到设备应用，该项目推出了诸多创新点。

在控制系统方面实现的创新包括：

(1) 实现多库统一管理调度。

(2) 生产物流与包装的自动化控制。

(3) 生产物流与存储物流统一管理调度。

(4) 多库存储与生产物流的统筹管理、条码认址系统。

在该项目中，各种高科技设备发挥了以下作用：

(1) AGV 自动导引车：自动运送货物。

(2) 码垛拆垛机器人：整齐有序地码垛拆垛货物。

(3) 穿梭板：自动运送货物。

(4) 空中无人自动搬运系统：转运外包材至生产线包装产品，利用封箱机完成包装封箱。

(5) 外包材自动受料上料系统：包材运送。

(6) 环行穿梭车：高速准确地输送货物。

(7) 输送系统应急补救装备：输送系统发生故障，机动输送机应急替代。

(8) 出库货物整托盘自动装车：自动高效率装货。

(9) 随车变幅式升降辊道输送系统：货物输送。

(10) 托盘自动旋转输送系统：托盘输送。

(11) 薄膜缠绕机：自动高效率包装。

(12) 整形机：自动高效率整理货物。

(13) 件箱连续输送提升系统：件箱输送。

(14) 件箱连续输送分流、合流、旋转排序预排系统：件箱输送分配。

(15) 高密度存储货架：密集存储货物。

蒙牛六期工程是高科技控制技术与高科技设备的集成，从招标到最后投产仅用了半年，可以说是蒙牛三边政策下的典型案例。与此同时，太原刚玉物流工程有限公司也经受了大方案、大集成、大服务的严峻考验。凭借太原刚玉物流工程有限公司在蒙牛总部建设的4座立体库，蒙牛实现了总部的统一发货调度。

（本案例摘自《物流技术与应用》2007年第3期）

3 带式输送机

3.1 带式输送机概述

3.1.1 带式输送机的分类

带式输送机又称带式运输机，是一种通用性的连续运输机械，由电动机作为动力，输送带作为牵引机构，利用摩擦力连续传送货物。根据驱动方式的不同，带式输送机可以分为有辊式带式输送机、无辊式带式输送机、直线驱动式带式输送机三大类。

1. 有辊式带式输送机

有辊式带式输送机是输送带全由托辊支撑运转的带式输送机。有辊式带式输送机又可以分为开放型和封闭型两种。在开放型有辊式带式输送机的基础上加以改进，输送带改成圆管状（或三角形、扁圆形等）断面的封闭型带，托辊采用多边形托辊组环绕在封闭带的周围，就构成了封闭型的有辊式带式输送机。其最大的优点是可以密闭输送物料，在输送途中物料不飞扬、洒落，减少污染。

2. 无辊式带式输送机

无辊式带式输送机根据输送带支承装置的不同，可以分为气垫带式输送机、磁垫带式输送机和水垫带式输送机。

(1) 气垫带式输送机

气垫带式输送机，用托槽与输送带之间一定厚度的空气层作为滑动摩擦的“润滑剂”，使运动阻力减小。

空气层是鼓风机将具有一定压力的气流送入气室（气室的顶部即为输送带的托槽），当气流沿气室纵长分布并由托槽上的小孔流出时，在胶带与托槽之间形成的。目前，这种输送机已在大连、天津港散粮码头使用。

气垫带式输送机的优点是：可以节省大量的支撑滚柱滚动轴承，运转部件少，维修费用低；运行阻力小，使输送带张力减小，能量消耗降低，适于采用较高的带速；全长有托槽支撑，可采用较轻薄的轻型输送带，降低了用胶量和造价；弧形断面的托槽使物料在运输过程中处于稳定状态，不需要设置防止输送带跑偏的装置，适于可逆运转。缺点是：气垫式输送机不适于输送大块物料，因为块度和相对密度大的物料有较大的集中载荷，会使局部区段气膜破坏，增加磨损和加大功率，同时，由于受到气流等因素的限制，气垫带式输送机也不适合用于输送粉末状物料。

（2）磁垫带式输送机

利用磁铁的磁极同性相斥、异性相吸的原理，将胶带磁化成磁弹性体，则此磁性胶带与磁性支承之间产生斥力，使胶带悬浮。磁垫带式输送机的优点是：磁垫带式输送机胶带的磁性支承设计，制造简单，能制成标准元件并可成系列生产；磁铁在输送机全长上能产生稳定的悬浮力；由于胶带采用磁悬浮非接触运行，工作时阻力小且无噪声；设备的运动部件少，便于安装与维修；因上浮力随胶带和支承件磁铁间间隙的减少而增大，所以胶带局部过载不会妨碍设备的正常工作；从制造成本、能耗、安全性能等方面比较，该输送机均优于普通带式输送机。磁垫带式输送机的缺点是：需用专门的磁性胶带，且需保证胶带横向磁性可靠性；该输送机物料的输送范围将受一定的限制，铁磁货物不能输送。

（3）水垫带式输送机

水垫带式输送机以水垫来支承输送带，具有运行阻力小、承载能力大、输送平稳、安全性好、可靠性高等特点，是一种很有应用前景的输送设备。它除具有普通带式输送机的驱动滚筒、换向滚筒、中间架、头架、尾架、下托滚等外，还具有一套由盘槽、喷嘴、液压系统等组成的水垫装置。水是经由装在盘槽上的喷嘴直接喷射到输送带和盘槽之间，在带和盘槽间形成一层水膜。这层水膜有足够的压力将带与盘槽隔开，形成流体静压润滑，降低摩擦磨损和功耗。水垫带式输送机与普通托滚式带式输送机相比，具有启动阻力小、运转平稳、安全性好、可靠性高等特点，尤其适用于煤矿等对防火安全要求比较高的场合。

3. 直线驱动式带式输送机

（1）经济

可以用于输送各种散料，也可以用于输送各种纸箱、包装袋等各种单件（重量不大），用途广泛；直线式皮带输送机配有各种形式的输送带：橡胶、帆布PVC 等，可选性强；可以满足耐油、耐腐蚀、防静电等有特殊要求的物料的输送，成本低；本机质量有保证，使用寿命长，维修频度低，降低了维修成本。

（2）环保

该机输送物料平稳，噪声低，属于环保型输送机；该机由不锈钢制成，安全卫生。

(3) 节能

该机结构简单，便于维护和保养，能耗小。

(4) 使用范围

该机主要用于食品、制药、日用化工等行业的物料输送。适合于工作环境较安静的场合。

3.1.2 带式输送机的特点

带式输送机既可作水平方向运动，又可以作小倾角的倾斜输送。在各种连续输送机械中，它具有生产率高、输送距离长、结构简单、工作平稳、无噪声、使用方便和能量消耗小等优点。所以，在国民经济各个部门都得到广泛应用，特别是在港口大宗散货的装卸作业中，带式输送机已成为必不可少的主要装卸输送设备。

①结构简单。带式输送机的结构由传动滚筒、改向滚筒、托辊或无辊式部件、驱动装置、输送带等几大件组成，仅有十多种部件能进行标准化生产，并可按需要进行组合装配，结构十分简单。

②输送物料范围广泛。带式输送机的输送带具有抗磨、耐酸碱、耐油、阻燃等各种性能，并耐高低温，可按需要进行制造，因而能输送各种散料、块料、化学品、生熟料和混凝土等。

③输送量大。运量可从每小时几公斤到几千吨，而且是连续不间断运送，这是火车、汽车等运输方式望尘莫及的。

④运距长。单机长度可达十几公里一条，在国外已十分普及，中间无须任何转载点。德国单机 60 公里一条已经出现。越野带式输送机常使用中间摩擦驱动方式，使输送长度不受输送带强度的限制。

⑤对线路适应性强。现代的带式输送机在越野铺设时，已从槽形发展到圆管形，它可在水平及垂直面上转弯，打破了槽形带式输送机不能转弯的限制，因而能依山靠山，沿地形而走，可节省大量修隧道、桥梁的基建投资。

⑥装卸、装料十分方便。带式输送机可根据工艺流程需要，在任何点上进行装、卸料。圆管式带式输送机也是如此，还可以在回程段上装、卸料，进行反向运输。

⑦可靠性高。由于结构简单，运动部件自重轻，只要输送带不被撕破，寿命可长达十年之久，而金属结构部件，只要防锈好，几十年也不坏。

⑧营运费低廉。带式输送机的磨损件仅为托辊和滚筒，输送带寿命长，自动化程度高，使用人员很少，平均每公里不到1人，消耗的机油和电力也很少。

⑨基建投资省。火车、汽车输送的坡度都太小，因而延长距离大，修建的路基长。而带式输送机一般可在20度以上，如用圆管式，90度都能上去，又能水平转弯，大大节省了基建投资。另外，通过合理设计也可大量节约基建投资。目前国外带式输送机每公里成本费为100万～300万美元，国内为500万元人民币，其中输送带占整机成本的30％～35％。随着化学工业的发展，输送带成本将进一步下降。

⑩能耗低，效率高。由于运动部件自重轻，无效运量少，在所有连续式和非连续式运输中，带式输送机耗能最低、效率最高。

⑪维修费少。带式输送机运动部件仅是滚筒和托辊，输送带又十分耐磨。相比之下，火车、汽车磨损部件要多得多，且更换磨损件也较为频繁。

带式输送机的主要缺点是：不能自动取货，需要辅助设备或其他机械进行装料；输送路线固定，当货流方向变化时，往往要对带式输送机输送路线重新布置。

3.1.3 带式输送机的应用

带式输送机是通用型输送设备，可广泛应用于冶金、矿山、煤炭、港口、电站、建材、化工、轻工、石油等各个行业。在工业、农业、交通等各企业中，带式输送机是生产过程中组成有节奏的流水作业运输线不可缺少的组成部分。

固定式带式输送机适应性强，港口、车站、堆场、库场等应用较广泛，尤其适用于煤炭、矿石等散货的输送。

移动式带式输送机主要用作装卸输送，机动性强，使用效率高，输送方向和输送长度均可改变，能及时布置输送作业线，达到作业要求。

3.2 带式输送机的结构

3.2.1 带式输送机的一般结构

带式输送机由输送带、支承装置、驱动装置、张紧装置、各种滚筒（驱动滚筒、改向滚筒、张紧滚筒）、卸料装置及机架等部件组成，见图3－1。带式输送机的这些主要装置都安装在机架上，机架可以是固定的，也可以是移动的。前者称固定式带式输送机，后者称移动式带式输送机。

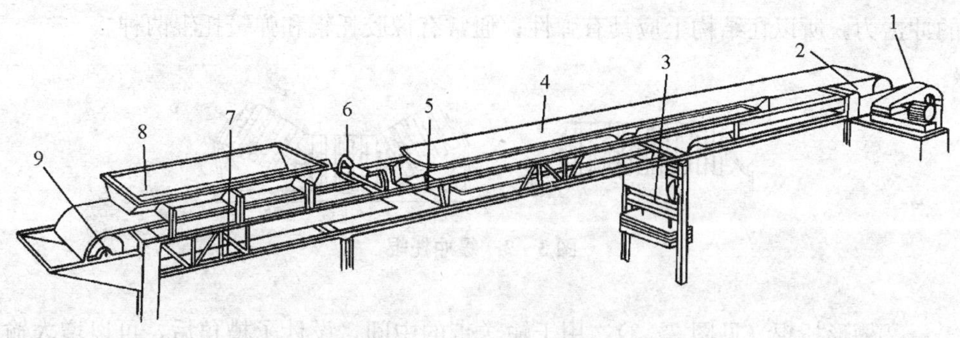

图 3-1 通用带式输送机

1—驱动装置；2—传动装置；3—张紧装置；4—输送带；5—平行托辊；
6—槽型托辊；7—机架；8—导料槽；9—改向滚筒

3.2.2 带式输送机的主要部件

1. 输送带

输送带既是牵引构件又是承载构件，即用来传递牵引力和承放货物的。因此，要求输送带强度高、自重小、伸长率小、挠性好、抗磨耐用和便于安装维修。输送带是带式输送机的最重要也是最昂贵的部件，输送带的价格约占输送机总投资的 30%～35%。传统使用的有橡胶带和塑料带两种。

输送带不同的芯体材料，其柔性、延伸率、耐腐蚀性及耐水性等都不一样，制造成本也不同。由于芯体是受力构件，其层数取决于对胶带的强度要求，强度要求高则层数多。因此，选用输送带时，应根据工作条件、工作环境和受力情况等综合分析后，选其芯体材料及层数。

2. 支承装置

支承装置的作用是支承输送带和输送带上所载物料，减少输送带下垂，保证输送带正常运行不发生跑偏。常用的支承装置是由托辊和支架组成的托辊组形式。托辊的使用数量较大，上托辊的分布间距通常为 1.1～1.2 米，装料处为正常值的 1/3～1/2，间距过大会引起输送带下垂，过小则功率消耗过多。输送件货时，若件货单件重量超过 20 千克，则托辊组间距应小于该件货输送方向长度的一半。

托辊的形式有四种：缓冲托辊、槽形托辊、调心托辊和平形托辊。

①缓冲托辊（见图 3-2）：用在输送带的受料处，以减小受料时输送带所受

的冲击力，所以在结构上应具有弹性；通常有橡胶托辊和弹簧托辊两种。

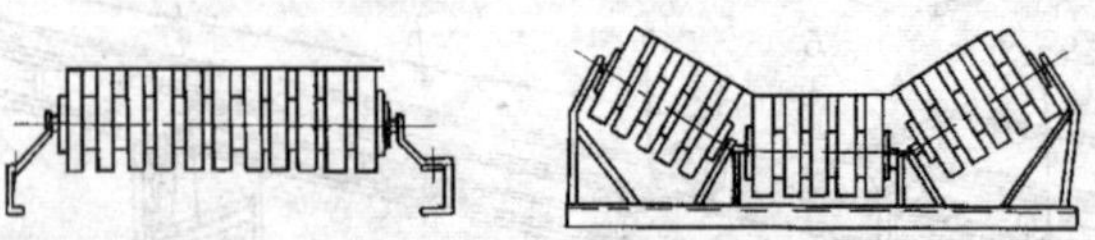

图 3-2 缓冲托辊

②槽形托辊（见图 3-3）：用于输送带的中间，设计了槽角后，可以增大输送带的载货横断面积，并防止带跑偏，但设置槽角后，输送带弯曲应力增加，使用寿命减短。

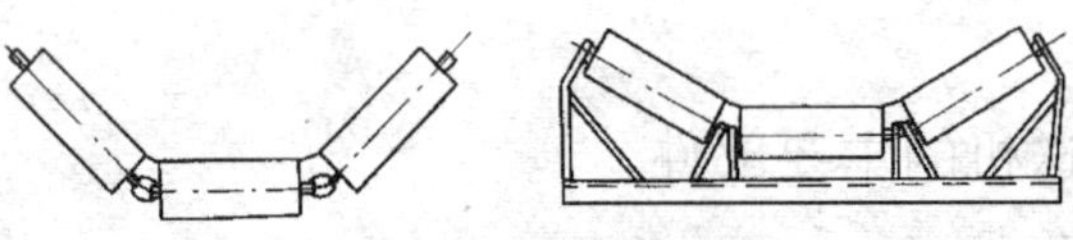

图 3-3 槽形托辊

③调心托辊（见图 3-4）：主要功能是调整输送带的横向位置，使其不会跑偏而保持输送带的正常运行；用于长度大于 50 米的带式输送机上，一般每隔 10 个托辊组设置一调心托辊组。

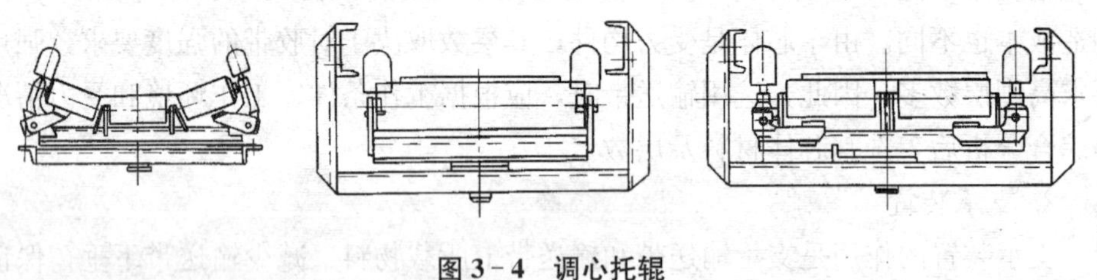

图 3-4 调心托辊

④平形托辊（见图 3-5）：为下支承托辊，还可以用于件货的输送；间距一般取为 3 米。

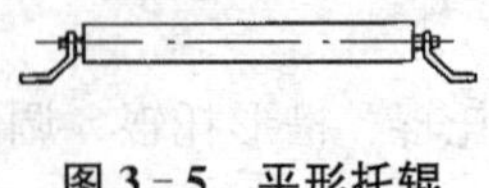

图 3-5 平形托辊

3. 驱动装置

驱动装置的作用是驱动输送带运动，实现货物运送，主要包括动力部分、传动部分（减速器和联轴器）、驱动滚筒等。固定带式输送机大多采用滚筒驱动，即借助滚筒表面和输送带之间的摩擦力使输送带运转。通常以电动机作为原动力，经减速器和联轴器带动滚筒，再驱动输送带。它具有结构紧凑、重量轻、便于布置、操作安全等优点，但存在电动机散热条件不好，检修不便之不足。短距离和小功率输送机均采用单滚筒驱动，长距离输送机则采用多滚筒。

4. 张紧装置

张紧装置的作用有两个：一是使带条具有适当的初张力，以保证带条与驱动滚筒之间产生必要的摩擦力，在传递牵引力时不打滑；二是补偿带条在工作过程中的伸长量，减小带条运动时的摇晃和在托辊组之间的垂度。张紧装置的结构形式主要有螺旋式、小车重锤式、垂直重锤式三种。

5. 装载装置

对于装载装置的要求是装载均匀、防止洒漏、冲击尽量小。根据这样的要求，进料斗的槽宽一般为带宽的 2/3，槽壁倾斜度尽量小，使物料离开槽壁时的速度方向与输送带运动方向尽量接近，当然这个倾斜角要比物料对槽壁的摩擦角稍大些。成件物品可用导板装载或直接放在输送机上，散料可用装载槽或漏斗。

3.3 带式输送机主要性能及选用

3.3.1 典型种类带式输送机的主要性能

1. TD 型普通带式输送机

因其通用性强而被广泛地在煤炭、冶金、交通、水电等部门中用来输送散状物料与成件物品。现有系列产品 TD－75 型（T—通用，D—带式，75—定型时间是 1975 年），根据其构造与使用特点并结合煤矿实际条件，主要用于煤矿地面生产系统、煤炭厂和井下运输巷道。

2. 绳架吊挂式带式输送机

目前，我国生产的 SPJ－800 升级吊挂带式输送机具有很多优点，已经成为广泛应用的输送设备。它主要用于煤矿井下采区顺槽和集中运输巷中作为煤炭运输设备，在条件适宜的情况下，也可用于采区上下山运输。

（1）主要特点

机身结构为绳架式，即用两根纵向平行布置的钢丝绳代替一般带式输送机的刚性机架。机身结构简单，节省钢材，安装、拆卸、调整方便，并可利用矿井运输换下来的钢丝绳。

上托辊组一般采用三托辊铰接。由于钢丝绳具有弹性，铰接托辊成槽角可随负载大小而变化，因而可提高运输能力和减少物料散落，并可减轻大块煤通过托辊时产生的冲击，延长输送带和托辊的使用寿命。

机身吊挂在巷道支架上，也可架设在巷道底板上，机身高度可调节，能适应底板不稳定的巷道条件。

可用双电机驱动，也可用单电机驱动，以适应各种运输量和运输长度对功率的需要。传动装置有液力耦合器，以改善输送机的启动性能，保证双电机的功率分配趋于平衡。电动机和减速器可根据具体条件装设在机头的任一侧。

输送带的拉紧装置设在机头部，利用蜗轮、蜗杆传动和钢丝绳将拉紧滚筒拉紧，操作省力，便于司机及时调整输送带的松紧程度。

（2）主要技术特征

输送能力350吨/小时；输送长度300米；输送带运行速度1.63米/秒；输送带型式为普通型输送带，带宽为800毫米，帆布层数为6层，抗拉强度为每层560牛/厘米；主动滚筒数目为2个，直径为450毫米，围包角为473度；托辊直径为108毫米；上托辊间距为1500毫米；吊架和下托辊间距为3000毫米；机身钢丝绳直径为22毫米；拉紧滚筒最大行程为2600毫米；电动机型号为$BJO_2 64-4$和$BJO_2 72-4$，功率为17千瓦、30千瓦或17+30千瓦，电压为380伏。

输送机在不同功率和输送能力下的最大水平铺设长度也不同。

3. 可伸缩带式输送机

国产可伸缩带式输送机主要有三种：第一种是钢丝绳吊挂式可伸缩带式输送机，如SD-150型、SD-80型；第二种是落地架式可伸缩带式输送机，如SJ-80型、SSP-1000型；第三种是落地吊挂混合式可伸缩带式输送机，如SDJ-150型、DSP系列可伸缩带式输送机。

可伸缩带式输送机主要技术特征见表3-1。

表 3-1　可伸缩带式输送机主要技术特征

项目 \ 型号	SJ-80	SD-80	SDJ-150
运输能力（t/h）	400	400	630
运输距离（m）	600	600	700
输送带宽度（mm）	800	800	1000
输送带运行速度（m/s）	2	2	1.9
储带长度（m）	50	100	50
转载机行走距离（m）	12	12	12
电动机功率（kW）	2×40	2×40	2×75
电压（V）	380/360		660
电动机转速（rpm）	1470	1480	1480
液力耦合器型号	YL-400	YL-400	YL-450
减速比	18.4494	18.4494	24.3758
拉紧绞车功率（kW）	4	4	4
卷带方式	电动	电动	电动
机器质量（kg）	47000	31283	66521

3.3.2 带式输送机选型需要考虑的主要因素

1. 输送长度

带式输送机的输送长度受输送带本身强度和运动稳定性的限制。输送距离越大，驱动力越大，输送带所受的张力也越大，带条的强度要求就越高。当输送距离很长时，若安装精度不够，则输送带运行时很容易跑偏成“蛇”形，使带条使用寿命降低，所以采用普通交替输送机，单机长度一般不超过 400 米。采用高强度的夹钢丝绳芯胶带输送机和钢丝绳牵引的胶带输送机，单机长度已达 10 千米之多。

2. 布置形式

带式输送机主要用来沿水平和倾斜方向输送物料，有多种布置形式可供选择。在具体选用时，应根据输送工艺的需要进行选择。带式输送机沿倾斜方向输送时，其允许倾角取决于被输送物料与输送带之间的动摩擦系数、物料的堆积角、输送带的运动速度等。为了避免物料从输送带上下滑，最大允许倾角应比输送物料与输送带之间的动摩擦角还要小。

3. 输送机的技术参数

常见输送机的技术参数见表 3－2。

表 3－2　　常见输送机的技术参数

	输送量 (t/h)	运距 (m)	带速 (m/s)	带宽 (mm)	传动滚筒直径 (mm)	电动机功率 (kW)	质量 (t)
伸缩带式输送机	200	800	1.6	650	500	2×22	46.5
	400	600～800	2	800	500	2×40	58.75
	400	800	2	800	500	2×40	53.24
	630	1000	1.9	1000	630	2×15	89
固定带式输送机	200	800	1.6	650	500	2×22	42.5
	400	600～800	2	800	500	2×40	53.7
	400	800	2	800	500	2×40	43.7
	630	1000	1.9	1000	630	2×75	68

3.4　带式输送机使用及维护

3.4.1　带式输送机的工作原理

输送带既是承载货物的构件，又是传递牵引力的构件，依靠输送带与滚筒之间的摩擦力平稳地进行驱动。输送带绕过驱动滚筒和张紧滚筒，并支撑在许多托辊上，见图 3－1。工作时，由电动机通过减速装置使驱动滚筒转筒，依靠驱动滚筒与输送带之间的摩擦力使输送带运动，货物随输送带运送到卸载地点。

3.4.2　带式输送机的使用

带式输送机操作员应做到“三知”、“四会”，即知设备结构、知设备性能、知安全设施作用原理，会操作、会维修、会保养、会排除一般故障。

带式输送机操作员必须经过培训，考试合格方能上岗，必须牢固树立安全第一的思想，严格按操作规程进行操作，严格执行交接班制度，设备交接时要试运转，严格执行岗位责任制。

1. 带式输送机操作员岗位责任制的主要内容

要熟悉设备性能和构造，达到会操作、会保养、会排除一般故障，坚守工作岗位，严格按操作规程作业，要正确使用和操作机器，保证机器安全运转；掌握运转情况，经常检查各部件和保护系统是否动作可靠，保持设备完好状态；紧固各部螺钉，调正输送带跑偏，调整、清扫和检查张紧装置；清除驱动滚筒至下部带式输送机机尾范围内散落物料，保持机头部设备清洁；操作中发现问题按有关规定及时处理，处理不了的要及时汇报；操作员有权拒绝违章指挥，不允许非相关人员操作。

2. 严格执行交接班制度

交接班必须按时在现场进行；交班时必须把本班运转及查验情况向接班人交代清楚，并有记录；交班时如发现接班人醉酒、病异等不正常现象时，不能进行交班，应报告上级处理；接班人必须与交班人核对运转及查验情况，当发现问题时应提出；双方同意后，在交接簿上进行交接签字；接班时应对信号、安全保护装置进行试验。

3. 一般带式输送机操作规程的主要内容

(1) 开车前应检查的项目与要求

各部位螺栓齐全紧固；清扫器齐全，清扫器与输送带的距离不大于 2～3 毫米，并有足够的压力，接触长度应在 85%以上；机架连接牢固可靠，机头、机尾固定牢固；托辊齐全，并与带式输送机中心线垂直；输送带张紧力合适（不得打滑、不得超过出厂规定）；输送带接头平直、合格；油位、油质和油封必须符合规定；通信、信号系统可靠无故障；各种保护装置齐全、灵敏可靠。

(2) 启动运行

启动前必须与机头、机尾及各装载点取得信号联系，待收到正确信号，所有人员离开转动部位后方可开机；注意输送带是否跑偏，各部温度、声音是否正常；保证所有托辊转动灵活，机头、机尾无散落物料；操作工离开岗位时要切断电源；停机前，应将输送带上的物料拉空。

4. 大型（强力）带式输送机操作规程的主要内容

(1) 熟练掌握信号的使用方法

带式输送机操作员必须熟练地掌握信号的使用方法，并按信号要求操作。如收到信号不正常、不明确或有怀疑及收到信号与口头联系不符时不能开机。开机前必须与机头、机尾及各装载点信号人员取得联系，待收到正确信号后方可开机。

(2) 根据使用情况决定带式输送机运行速度，运送物料速度

最高不超过原设计速度。

(3) 带式输送机运行中应注意的问题

观察指示仪表（特别是电流表）是否正常；注意各部位运转声音有无异常；根据运行情况及时调整负荷及运行速度；

运行中出现紧急信号，加、减速过程中出现意外情况，主要操作机构失灵时要及时断电停车。其他意外严重情况应紧急停车。

(4) 严格执行巡回检查制度

带式输送机司机执行班中巡回检查制度时，要有固定的时间（每小时一次）、固定的线路、固定的内容。重点检查项目是：各高低压开关柜、仪表指示情况；快速开关、稳压电源等辅助盘工作情况；各发热部件的温度（滑动轴承不大于65℃，滚动轴承不大于75℃）；冷却风扇运转情况；制动系统是否正常，制动闸间隙是否合适；驱动轮、导向轮运转有无异常；减速器、联轴器运转是否正常；电动机运转状态、整流器工作情况；钢丝绳（指钢丝绳牵引输送带输送机）通过驱动轮情况（如断股情况）。

(5) 安全注意事项

每班必须配正、副司机各一人，一人操作，一人监护；发生紧急停车事故，司机应立即查明情况，情况不清时严禁开机，待事故查清并排除后方可开机；禁止超负荷运行（以电流不超限为准），如超载应及时调整装载物料量；处理事故时，司机不可擅离岗位；因停电而停机时，除及时汇报上级外，所有电气设备应打到零位，并坚守岗位；停机前，应将输送带上的物料卸空。

(6) 带式输送机启动、运行、停止时的安全操作事项

启动前先发出信号，警告人员离开带式输送机转动部位；启动时先点转1～2次，听声音，看状态，确认无异常后方可连续运行；运转中做到三注意：一要注意输送带张紧情况，发现打滑立即处理，处理不了的及时汇报；二要注意输送带运行情况，发现跑偏等异常情况立即处理或及时汇报：三要注意开机、停机信号，不得出现误操作；停机后应将隔离开关置于零位。

3.4.3 带式输送机的维护

1. 司机应做的日常维护

(1) 带式输送机司机应作的日常维护检查

带式输送机司机应按时按巡回检查路线图进行检查，对检查出的问题及时进行处理，司机不能处理的问题及时向上级汇报。司机在日常维护检查时应按以下几方面进行：

①每日至少进行一次全线主要设备及部件外观检查。观察（听或触的方法）电动机、减速器、联轴节等是否运转正常，有无异响及振动。

②检查各部紧固件是否松动，如发现有松动现象应及时紧固。

③检查输送带的拉紧程度，以空段输送带略成弧形为宜。检查拉紧装置是否灵活有效，张紧小车是否掉道，轨道是否淤塞；重锤拉紧装置悬挂是否被物料掩埋或托起；对于淤塞部位进行清理，使张紧小车在轨道上有效地工作，输送带张紧程度调整合适。

④检查输送带及接头部位是否脱胶，接头处是否变形、破裂，金属卡子连接的输送带接头根部是否有横向裂纹，金属卡子是否被刮变形，若发现输送带接头变形或破裂，司机应及时向主管人员汇报并由主管人员安排处理。

⑤检查输送带是否有跑偏及打滑等不正常的工作状态，输送带上是否有大块物料及铁器等。若发现输送带跑偏、打滑等不正常的工作状态，应协助维护工进行处理；对于输送带上的大块物料及铁器等杂物，应及时停机清除。

⑥检查滚筒、托辊是否有变形、损坏、缺油，轴承部位温度是否超过标准，转动是否灵活，对于严重变形的或损坏的滚筒托辊，应由主管人员安排组织更换，缺油部位应当及时注油。

⑦检查减速器、轴承的润滑情况，是否漏油或缺油。应对漏油部位进行处理，若缺油应及时补充。

⑧检查清扫器和各种保护装置是否工作正常，要使清扫装置与输送带接触良好、安全保护装置动作可靠。

(2) 带式输送机司机维护保养胶面滚筒的方法

①经常清扫滚筒表面。在滚筒处除安装清扫器外，可以用工具或者用水洗、风吹等办法清除滚筒表面附着物，使滚筒表面始终保持清洁。

②滚筒的胶面有破损或包胶严重脱离滚筒表面的情况，可用刀具把破损或脱离部分割除，防止破损或脱离状况蔓延扩大。

③当胶面脱离滚筒表面面积较大较严重时，应更换包胶或送厂家重新铸胶。

④及时紧固包胶松动的螺钉，以保证包胶的每个部位与滚筒外壳牢牢贴紧。对于磨薄露出螺钉头的包胶，应及时更换包胶。

(3) 带式输送机司机配合维修工维护、保养托辊的方法

①坚持巡回检查制度，按时检查，发现有异响或不转的托辊及时更换，将换下来的托辊及时修好，准备再用。

②分段或整机拆检更换托辊。应根据使用经验，确定检修周期，集中人力，分段或整机拆检更换托辊。

③经常清除托辊间夹杂的杂物，使托辊保持转动灵活。

④对于缺油的托辊及时注油，以延长托辊的使用寿命。

(4) 带式输送机司机与维修工配合维护、保养输送带的方法

①在条件允许的情况下，尽量减小给装料口与输送带的距离，减缓物料对输送带的冲击和磨损。

②严格控制大块物料及铁器给到输送带上。已经给到输送带上的大块物料及铁器被发现后，要及时停机，将大块物料及铁器搬离输送带后再开机。

③对输送带边部损坏、中部纵向撕裂和脱胶部位及时修补。

④对于输送带接头严重变形、破裂和金属卡子变形、损坏，要及时重新接头、整形或更换金属卡子。

⑤增设必要的调心托辊，进行防偏保护，断带、打滑保护，以保证输送带正常工作，使带式输送机在事故运转中能及时自动停机，防止事故扩大，从而保护输送带。出现一般的输送带跑偏现象，调心托辊可以调正输送带运行方向。

⑥严格按操作规程操作带式输送机。

⑦有淋水的带式输送机，应采取防水措施。

(5) 带式输送机司机维护、使用带式输送机的方法

①必须保持带式输送机有良好的、清洁的工作环境，保证电动机、液力联轴器和减速器具有良好的散热条件，机头、机身和机尾部的散落物料应及时清扫干净。

②应尽量避免频繁启动带式输送机，正常情况下应空载启动。在双电动机驱动时可按先后顺序启动，也可同时启动两个电机。

③每班工作前必须检查液力联轴器有无漏油现象，易熔塞是否合格。并检查液力联轴器的充液量，发现液量不足应及时按规定补充。补充后的液量应达到液力联轴器说明书的要求。带式输送机在运转过程中禁止取下液力联轴器的保

护罩。

④经常检查机身钢丝绳的张紧程度，发现有松弛现象应及时张紧，紧绳后应注意观察输送带是否跑偏，若跑偏应及时调整。

⑤应定期检修托辊，检修时密封圈内必须加适量的润滑脂，转动不灵活或损坏的托辊应立即更换。

⑥不允许输送带在传动滚筒上有打滑现象，发现输送带松弛要及时拉紧。

⑦发现输送带跑偏应立即调整，不允许产生磨输送带边缘的现象。

⑧经常检查输送带接头，发现局部损坏要及时修理或更换接头。

⑨清扫器要保持良好的工作状态，若部件磨损到一定程度（指输送带条）应及时更换。绳卡上斜楔必须打紧，防止输送带跑偏时划破输送带。

⑩装载点应保持货载装在输送带正中，不允许从很高的高度上直线装载，以防止大块物料砸坏输送带。

(6) 带式输送机运行中出现下列情况应立即停车处理

①输送带打滑。

②电机冒烟、闷车。

③输送带上有人或有大型物件（如超重、超长物件等）。

④机械设备声音异常，轴承等部位温度超过规定数值。

2. 运转中的维护

(1) 开车前的检查工作

①检查机头、机尾及整台带式输送机的支护情况，支护应完好、牢固、无杂物，否则必须经班长、支护工处理后方准进行工作。

②检查电动机、减速器和液力耦合器等各部分的螺栓是否齐全、完整和牢固，有无渗油现象，油位是否正常。

③检查清扫装置和各种保护装置是否可靠正常。

④检查输送带接头是否良好，输送带上有无割伤输送带的硬物和卡堵现象。

⑤检查输送带拉紧装置是否正常，张紧程度是否合适。

⑥检查各导向滚筒、主动滚筒、托架、吊架和上下托辊等部件是否可靠、齐全和牢固。

(2) 运转维护中应注意的事项

①尽量避免频繁启动电动机，一般情况要空载启动。如采用双电动机驱动，可按前后顺次启动电动机，也可同时启动电动机。为保证两台电动机的实际功率分配合理，必须调整液力耦合器的相应充油量。

②输送带输送机周围一定要保持清洁，保证电动机、液力耦合器和减速器有良好的散热条件。工作中，电动机的温升不得超过80℃，液力耦合器的温升不得超过110℃，减速器及各轴承的温升不得超过65℃。

③在启动运行时应注意：第一，发出开车信号，示意将开动输送机，以引起输送带输送机附近人员的注意；操作员应点动两次，再正式运行。对于未使用集中控制的多台带式输送机联合运转时，应按逆物料流方向逐台启动。第二，送电开车后，司机要随时观察设备运行是否平稳、有无异常，各部运转声音是否正常、有无异响，输送带有无跑偏现象，输送带张紧程度是否适当，各运转部位是否灵活。第三，经常保持清扫装置工作可靠，巷道无散落物料。第四，按规定要巡回检查电动机、轴承和减速器的温度。发现输送带上有大块物料或易割伤输送带的硬物时要及时处理，以防损伤输送带。第五，听清信号，不准误操作。

④停机时应注意：第一，听到停车信号后，应立即停车，以防事故的发生；无信号自动停车时，要将输送带上的物料卸净后再停机。第二，停机后，司机要认真检查机头部各部件的情况，若发现问题应及时处理。第三，司机离开工作岗位时，要切断电源，将开关打到零位并进行闭锁，然后挂上停电牌。

（3）输送带跑偏和调整

输送带跑偏是最常见的故障，产生跑偏的原因是由于输送带在运行中横向受力不平衡造成的。影响输送带跑偏的因素较多，如装载物偏于一侧、托辊或滚筒安装不正、输送带接口不平直等，都可能造成输送带的跑偏，使输送带一侧边缘与机架相互摩擦而过早地损坏，或使输送带脱离托辊掉下来，造成重大事故。因此，在输送带输送机的安装、运转和维护中，对输送带的跑偏问题应予以足够的重视，发现问题要及时进行调整。其调整的方法是：

①应在空载运转时进行调整。一般是从机头部卸载滚筒开始，沿着输送带运行方向先调整回空段，后调整承载段。

②当调整上托辊和下托辊时，要特别注意输送带运行的方向。若输送带向右跑偏，那就要在输送带开始跑偏的地方，顺着输送带运行的方向，向前移动托辊轴右端的安装位置，使托辊右边稍向前倾斜。注意，切勿同时移动托辊轴的两端。在调整时要适当多调几个托辊，每个少调一点，这样要比只调1～2个托辊来纠正跑偏的效果好一些。

③若输送带在换向滚筒处跑偏，输送带往哪边跑，就把那边的滚筒轴逆着输送带运行的方向调动一点，也可以把另一边的滚筒轴顺着输送带运行的方向调动一点。每次调整后，应运转一段时间，看其是否调好。确认调好后，还应重新调

整刮板清扫装置。

(4) 停机时应做的检查工作

①机头及储带装置所用连接件和紧固件应齐全、牢靠，防护罩齐全，各滚筒、轴承应转动灵活。

②液力耦合器的工作介质液量合适，易熔塞和防爆片应合格。

③制动器的闸带和闸轮接触严密，制动有效。

④减速器内油量适当，无漏油。

⑤机身各托辊齐全、转动灵活，托架吊挂装置完整可靠，托架平直。

⑥承载部梁架平直，承载托辊齐全，转动灵活，无脱胶。

⑦机尾滚筒转动灵活，轴承润滑良好。

⑧带式输送机前后搭接符合规定。

⑨输送带接头完好，卡子无折断、松动（硫化热补接头无开胶现象），输送带无撕裂、伤痕。

⑩输送带中心与前后各机的中心保持一致，无跑偏，松紧合适。

3. 带式输送机的日常检修维护的主要内容

(1) 带式输送机的日常检修与维护的主要内容

运行中的带式输送机每日至少要有 2～4 小时的集中检查维修时间，日常检修和维护的内容有：

①输送带的运行是否正常，有无卡、磨、偏等不正常现象，输送带接头是否平直良好。

②上下托辊是否齐全，转动是否灵活。

③输送机各零部件是否齐全，螺栓是否紧固、可靠。

④减速器、联轴器、电动机及滚筒的温度是否正常，有无异响。

⑤减速器和液力耦合器是否有泄漏现象，油位是否正常。

⑥输送带张紧装置是否处于完好状态。

⑦各部位清扫器的工作状况是否正常。

⑧检查、试验各项安全保护装置。

⑨检查有关电气设备（包括电缆等）是否完好。

⑩认真填写日检记录。

上述检查若出现异常情况应立即安排检修，及时排除故障。

(2) 带式输送机安装、检修和维护时的注意事项

①带式输送机驱动装置、液力耦合器、传动滚筒、尾部滚筒等转动部位要设

置保护罩和保护栏杆，防止发生绞人事故。

②工作人员衣着要简便，袖口、衣襟要扎紧。

③在带式输送机运行中，禁止用铁锹和其他工具刮输送带上的粘附杂物或用工具拨正跑偏的输送带，以免发生人身事故。

④输送机停运后，必须切断电源。不切断电源，不准检修。挂有“有人工作，禁止送电”标志牌时，任何人不准送电开机。

⑤在更换输送带和做输送带接头时，确需点动开车并用人力拉动输送带时，严禁直接用手拉或用脚蹬踩输送带。

⑥在对接输送带做接头时，必须远离机头转动装置 5 米以外，并派专人停机、停电，挂停电牌后，方可作业。

⑦在清扫滚筒上粘附的杂物时，必须先停机后清理，严禁边运行边清理。

⑧在检修输送机时，应制定专门措施，在实施中，工作人员严禁站在机头、尾架、传动滚筒及输送带等运转部位上方工作。

(3) 在机头、机尾或其他转动部位上方工作时必须采取的安全措施

①要制定有针对性的措施。

②施工前必须派专人停机、停电，挂好“有人工作，禁止送电”的停电牌或设专人看管停电的开关。

③施工后必须由原停电人送电方可试运转。

3.5 带式输送机使用案例分析

柴里煤矿设备应用

柴里煤矿是国有大型煤矿，始建于 1964 年，经三次改扩建，现年产可达 240 万吨。随着矿井产量的增加，贮煤场储存量明显不足。为加大储存能力，煤场必须西移，而西移最大的问题是沿途障碍物多，如用普通带式输送机，需 3～4 部搭接，既增加投资又难以布置。因此，管状带式输送机就成为最优的选择。

1. 管状带式输送机的工作原理及特点

(1) 工作原理

管状带式输送机是一种以输送带承载和传动的连续散料输送机械，除输送带在运行区卷成管状外，其余部分与普通带式输送机相似。其基本结构见图 3-6。

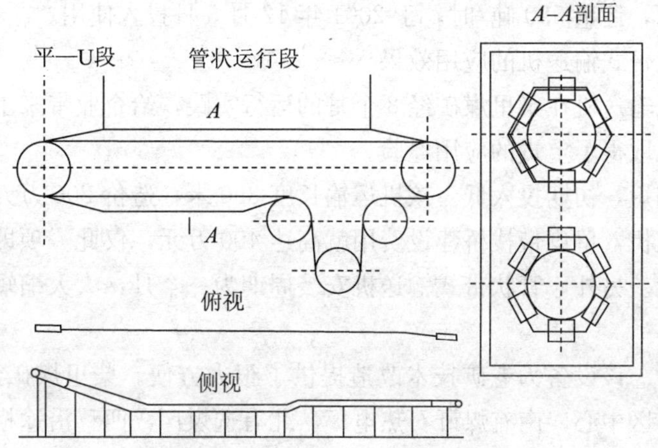

图 3－6 管状带式输送机基本结构

由图 3－6 可以看出，管状带式输送机在运行区的输送带是由两组呈六边形的圆形保持支撑。在受料处，输送带在一组导向托辊的作用下，从平形逐步过渡到 U 形，最后卷成管状；在卸料处，其过程相反。这样，管状带式输送机运行形成了展开受料，封闭运输，展开卸料，然后又封闭返回的循环过程。

（2）管状带式输送机的特点

管状带式输送机技术专利由日本普利斯通拥有，目前生产的最大管径已达 700 毫米，最大运量 3000 吨/时，最大运输长度 3414 米，最大运输倾角 35 度 42 分。管状带式输送机除具有普通带式输送机的特点外，还具有以下特点：

①可实现空间内弯曲运输。由于输送带卷成管状，降低了横向刚性，使输送带可以以较小的半径作空间任意方向的弯曲，拓展了带式输送机的使用范围。

②大倾角运输。物料被输送带包容后增加了物料与输送带之间的摩擦力以及物料本身的内摩擦力，运输倾角可比普通带式输送机提高 50％。

③沿途封闭运输。由于承载侧和非承载侧输送带均卷成管状，物料被包容在输送带内运输，即使非承载侧未清扫干净的物料也不会飞扬和洒落，不会有外部异物混入，具有较好的防雨防风性能。由于基本没有洒落，中部机身的清扫工作量可降低到最小程度。

2. 管状带式输送机在柴里煤矿的应用

（1）管状带式输送机的布置

柴里煤矿煤场西移工程中使用了一条管径为 350 毫米的管状带式输送机，机身全长 390 米，运量 550 吨/时，于 2001 年 12 月 5 日投入使用。

(2) 管状带式输送机的应用效果

管状带式输送机在柴里煤矿经 8 个月的运行实践，给企业带来了巨大的经济效益，同时也取得了宝贵的应用经验。

安装周期短，初期投入低。该机运输长度 390 米，造价 206 万元。如果使用普通带式输送机，单皮带栈桥建设费用就高达 400 万元，仅此一项即为柴里煤矿节省 200 万元。另外，管状带式输送机安装周期为一个月，大大缩短了建设安装工期。

布置灵活。该设备为老矿技术改造提供了很大方便。柴里煤矿建矿时间长，老煤场处于矿区中心，南有煤矸石热电厂，北有选煤厂，西移沿途横跨两条高压输电线路。由于管状带式输送机具有可在空间弯曲的优势，使之顺利避开了障碍物。不仅节省了投资，而且管状带式输送机的高低起伏、水平弯曲像一条翩翩起舞的游龙，为煤矿单调的空间增加了美感。

运行稳定，使用维护简单。柴里煤矿 8 个多月的使用实践证明，管状带式输送机运行稳定，噪声低。由于运行区卷成管状，中间不须设置防偏托辊，胶带在一定范围内发生扭转，不会影响输送机的正常运转，而且中间极少有物料洒落，污染及清扫工作量基本没有。

对输送物料的粒度限制较严。该机一般输送的最大入料粒度为管径的 1/3，且不得混入铁器，这比普通带式输送机的敞开式运输要求苛刻得多；管状带式输送机机尾受料要求均匀稳定，否则会出现运输涨肚卡堵，严重时会损伤胶带及传动装置，而且处理比较麻烦。

管状带式输送是一种新型技术，以其封闭运输、空间弯曲、大倾角输送的特有优点，成为了当前煤炭、粮食、化工等企业的优选运输手段。通过柴里煤矿的应用实践，证明管状带式输送机适用于煤炭运输，特别适用于场地狭窄、须绕过或穿越障碍物的传统带式输送机难以应用的地方，并且造价低、操作与维修简便、污染小。可以预见，管状带式输送机的应用前景将会十分广阔。

4 刮板式输送机

4.1 刮板式输送机概述

4.1.1 刮板式输送机的分类

刮板式输送机可根据工作环境、卸载方式、料槽类型、刮板链条形式和最大工作载荷等不同进行分类。

根据工作环境分为：通用刮板输送机、矿用顺槽转载刮板输送机、矿用工作面刮板输送机.

根据卸载方式分为：端卸式刮板输送机、重叠侧卸式刮板输送机、交叉侧卸式刮板输送机、拐弯式刮板输送机（机头位于顺槽的刮板输送机）。

根据料槽类型分为：钢制“Σ”形铠装料槽刮板输送机、铸石料槽刮板输送机、搪瓷料槽刮板输送机。

根据刮板链条形式分为：矿用圆环链式刮板输送机、套筒滚子链式刮板输送机、可拆模锻链式刮板输送机。

根据链条最大工作载荷分为：小型刮板输送机、轻型刮板输送机、中型刮板输送机、重型刮板输送机、超重型刮板输送机。

4.1.2 各类刮板式输送机的主要特点

1. 通用刮板输送机的特点

不具有可弯曲性能；料槽为钢制 U 形槽或小规格“Σ”形铠装槽、铸石料槽或搪瓷料槽，用于地面时为固定式安装；链条为套筒滚子链，或可拆模锻链，或小规格矿用圆环链；结构简单，重量轻，安装方便；功率较小，装机功率一般不大于 60 千瓦，输送量为 60～150 吨/小时；一般不宜在煤矿井下工作面使用。

2. 矿用顺槽转载刮板输送机的特点

①桥式机身不具有可弯曲性能，它作整体纵向移动，宜用作煤矿井下顺槽的输送设备。

②转载机的料槽为“Σ”形铠装式，链条为矿用圆环链。转载机的料槽比工作面输送机加宽一档，两侧配有挡板；刮板间距可适当加密；链条间距可适当加宽，链条速度可适当提高。

③转载机的桥式机身部与带式输送机尾部受料处重叠长度相配套。转载机头部一般安装在行走小车上，行走小车的结构及轨距与带式输送机尾部配套。行走小车与头部的连接结构允许转载机在水平和垂直方向适当转动。

④转载机的设计长度较短，范围在 26～87 米，同工作面循环作业推进距离相配套。转载机的输送量一般为工作面输送机的 1.2 倍。装机功率范围为 40～400 千瓦，链条速度为 1.2～2 米/秒。

⑤转载机落地部分一般装有破碎机。

⑥用于交叉侧卸式输送机配套的转载机，其推移装置与工作面交叉侧卸式输送机合二为一。履带自移式转载机靠本身头部驱动履带沿底板行走，实现自移功能。

3. 矿用工作面刮板输送机的特点

①料槽为“Σ”形铠装式，槽间连接为高强度可活动式，牵引链条为矿用高强度圆环链。具有可弯曲性能，适应井下地形起伏铺设弯曲状态下运行。

②综采和普采工作面刮板输送机是与液压支架（或单体液压支柱）、采煤机（或刨煤机）配套作业的运输设备。料槽一侧有铲煤板，便于铲装煤炭；另一侧有挡煤板、电缆槽、牵引导轨及推移耳座等配套装置，支承和导向采煤机和作为液压支架拉移的支点，满足工作面配套作业，按步距推进、流动循环性生产的要求。

③电动机采用矿用输送机专用的隔爆三相交流鼠笼式电动机，启动力矩为额定力矩的 2.3～3.0 倍，适应工作面刮板输送机频繁满载启动的要求。

④工作面刮板输送机的用量大、形式多、发展迅速、更新换代快，是刮板式输送机的典型机型，可替代通用刮板输送机在地面场所使用。

⑤工作面刮板输送机的技术参数范围大。额定功率范围为 7.5～1800 千瓦，输送量为 30～3500 吨/小时，设计长度范围为 50～450 米。

4. 端卸式刮板输送机的特点

端卸式刮板输送机物料沿着刮板链条运行方向，从机头端部抛落卸载，其主要特点是：机头卸载结构简单，安装方便；卸载时物料动能损失大，转载机运料阻力较大，易造成块煤堵塞、底链回煤较多的故障；要求有一定的卸载高度，常用于输送量小于 700～900 吨/小时的刮板式输送机。

5. 重叠侧卸式刮板输送机的特点

物料沿着与刮板链条运行方向垂直弯曲的犁煤板，从机头侧面卸载斜面上滑落卸载的刮板式输送机，主要特点是：机头部重叠布置在转载机上方，卸载时物料只改变运动方向，速率变化不大，卸载动能损失小；卸载通畅，无堵塞故障；机头架底板没有栅孔，将底链带来的回煤漏入转载机拉走，底链回煤少；滑落卸载高度低，块煤粉碎少，煤尘小，块度大；底链无功消耗少，输送能力比端卸式输送机高；当工作面输送机纵向有窜动时，卸载口不易对准转载机上槽口，造成溢流。适用于端头锚固和顺槽卧底的工作面使用。

6. 交叉侧卸式刮板输送机的特点

该机型工作面输送机头部的刮板链条与顺槽转载机的刮板链条呈十字交叉布置，物料顺着犁煤板方向直接流入转载机的工作槽，被转载机的刮板链条拉走。工作面输送机链条带来的少量回煤漏入转载机下链道，再由转载机底链返拉回工作槽运走。

其主要特点是：具有重叠侧卸式输送机的所有优点；机头结构紧凑，与转载机联为一体，有利于端头支护和顶板管理，实现整体推移工作面输送机和顺槽转载机；弥补了重叠侧卸式容易错口的缺点，运行可靠，是高产高效工作面的优选机型。

7. 90°拐弯式刮板输送机的特点

这是头部与机身部呈 90°拐弯式的机型，兼有工作面刮板输送机和顺槽转载机的双重功能。主要特点是：将工作面刮板输送机和顺槽转载机合二为一，将物料直接卸入顺槽带式输送机。简化了端头布置和顶板管理，省去了转载环节，节约了投资，提高了效率；在拐弯处需设一套滚轮转盘机构，增加了输送机运行阻力和功率消耗，不利于后退式采煤工艺配套作业，主要用于前进式采煤工艺的设备配套；刮板链条采用单中链型或背带式中双链型。

8. 铠装料槽式刮板输送机的特点

采用钢制“Σ”形槽帮的料槽，结实耐用，性能可靠；连接灵活，装拆方便，具有可弯曲运行和移动功能，适应性强；结构简单，容易和井下工作面的采煤及支护设备实现配套作业。

9. 小型刮板输送机的特点

链条最大工作载荷不大于 250 千牛，装机功率在 30 千瓦以下，输送能力小于 150 吨/小时。采用套筒滚子链，可拆模锻链及棒料直径 14 毫米以下的矿用圆环链条，料槽可压制或轧制为“U”形、“Σ”形铠装型、铸石料槽或搪瓷料槽等形式，主要在地面固定场所或煤矿井下长度小于 80 米的炮采工作面使用。

10. 轻型刮板输送机的特点

链条最大工作载荷为 410～610 千牛，采用矿用高强度圆环链，直径为 18～22 毫米，装机功率为 40～220 千瓦，输送能力为 150～500 吨/小时，料槽为轧制"∑"形铠装式敞底料槽，适用在中小煤矿普采或炮采工作面使用或顺槽转载机用。

11. 中型刮板输送机的特点

链条最大工作载荷为 610～850 千牛，采用矿用高强度圆环链条直径为 22～26 毫米，装机功率为 220～400 千瓦，输送能力为 500～900 吨/小时，料槽为轧制"∑"形铠装式敞底料槽，适用于一般综采工作面或顺槽转载机用。

12. 重型刮板输送机的特点

链条最大工作载荷为 850～1130 千牛，采用矿用高强度圆环链条直径为 26～30 毫米，装机功率为 400～630 千瓦，输送能力为 700～1200 吨/小时，料槽为整体铸焊封底式或整体轧焊封底式，轧制"∑"形铠装式封底料槽，适用于高产高效综采工作面或顺槽转载机使用。

13. 超重型刮板输送机的特点

链条最大工作载荷在 1450 千牛以上，采用矿用高强度圆环链直径在 34 毫米以上，装机功率在 630 千瓦以上，输送能力在 1500 吨/小时以上，料槽为整体铸焊封底式，适用于日产万吨以上的高产高效工作面使用。

4.1.3 刮板式输送机的应用及发展

刮板式输送机是用无端循环运动的副板链条作为牵引构件，是在多节可拆的敞开料槽内连续输送散粒物料的输送机械。它可输送各种粉末状、小颗粒状和块状的流动性较好的散粒物料，如矿石、煤炭、焦炭、砂子、石膏、水泥、盐岩、谷物等，广泛用于冶金、粮食、电厂、港口及煤矿、盐矿、石膏矿等矿山井下场合，但不宜输送易破碎和易磨损的脆性物料。

刮板式输送机由于机身低矮、料槽为"∑"形槽帮铠装敞开式，且可弯曲横向移动，因而特别适合煤矿井下采煤工作面输送煤炭。当料槽连接由活动连接变为固定连接，且机身呈架桥式布置时，即可整体纵向灵活移动，因而可与采煤工作面刮板输送机配套，适合煤矿井下移动生产的顺槽转载作业。刮板式输送机是煤矿井下采煤工作面和顺槽唯一不可替代的输送设备。

自从 20 世纪 40 年代刮板式输送机问世以来，经历了六十多年，世界各国的刮板式输送机在各个方面已经得到了很大的发展，并各自形成了系列产品，其元件如圆环链、链轮、接链环和刮板等均已有国际标准。随着高产高效工作面的提出，大运量、长距离、大功率刮板式输送机的使用量逐年增加。代表世界综采设备先进水平的美国，其刮板式输送机的发展主要表现在以下几个方面：

①输送量和装机总功率日趋增大，这是高产高效工作面加大输送能力和工作面长度的必然结果。

②刮板链速度总趋势是增大。实践证明，输送机链速 1.4～1.5 米/秒时，对链条、链轮寿命和满载启动并未带来严重影响。随着输送能力的增大及链条直径、节距的加大，链速增大势在必行。

③由于输送能力的增大，溜槽宽度也在增大。

④随着电动机容量的增大，输送机的供电电压也相应增高。

我国在刮板式输送机的技术改进方面也取得了一定成绩，但与世界先进水平相比仍有一定差距。

4.2 刮板式输送机的结构

4.2.1 刮板式输送机主机的组成

刮板式输送机由机头部、机头推移装置、机头张紧装置、机头过渡槽、中部槽、组装铲煤板、组装挡煤板、机尾过渡槽、机尾张紧装置、机尾推移装置、机尾部、防滑锚固装置以及为采煤滑行传动用的销轨或齿条等部件组成。运煤用刮板输送机的组成见图 4－1。用户可根据所需的配套情况选取相应的部件组成整机。

1. 溜槽

溜槽为焊接结构，是组成刮板式输送机机身的主体，具有很好的强度、刚度和耐磨性能。溜槽分机头过渡槽、机尾过渡槽、中部槽和调节槽几种，按要求组合成机身。中部槽（见图 4－2）为标准槽，槽外侧支座用来固定挡煤板或铲煤板。相邻中部槽之间允许在水平方向弯曲 1°～2°，在垂直方向弯曲 3°。机头过渡槽（见图 4－3）和机尾过渡槽（见图 4－4）用螺栓和定位销与机头架和机尾架连接。

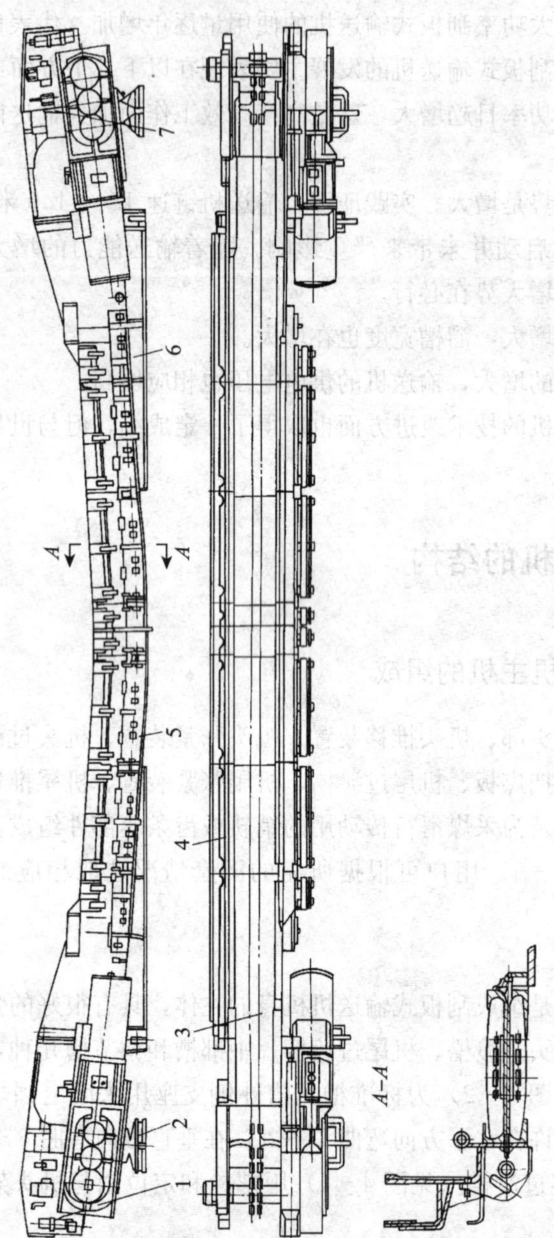

图 4-1　运煤用刮板式输送机

1—机头紧张装置；2—机头推移装置；3—机身；4—组装铲煤板；
5—组装挡煤板；6—机尾推移装置；7—机尾紧张装置

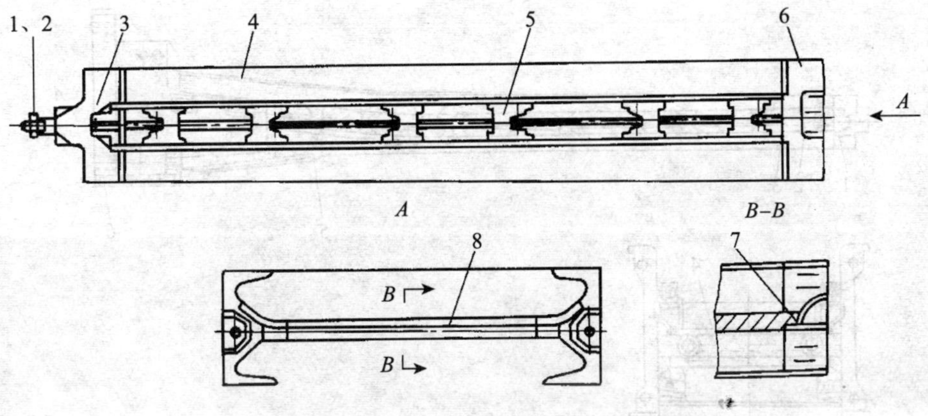

图 4－2 中槽部

1—螺栓；2—螺母；3—左右凸端头；4—槽帮钢；
5—支座；6—左右凹端头；7—接口板；8—中板

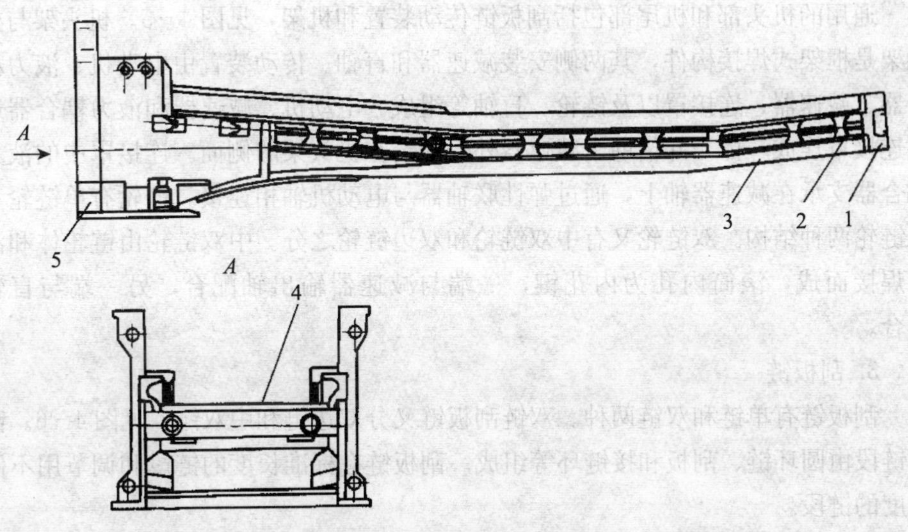

图 4－3 机头过渡槽

1—左右凹端头；2—支座；3—槽帮；4—中板；5—连接板

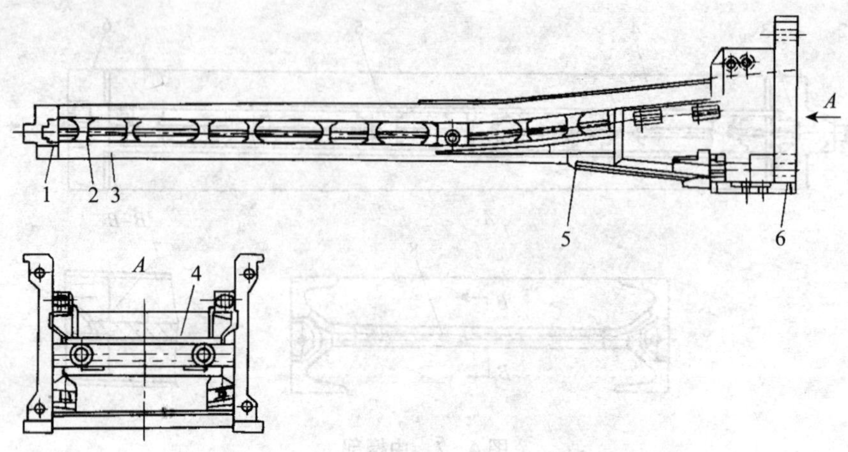

图 4-4　机尾过渡槽

1—左右凸端头；2—支座；3—槽帮；
4—中板；5—上链器；6—连接板

2. 机头部和机尾部

通用的机头部和机尾部包括刮板链传动装置和机架，见图 4-5。机头架与机尾架是框架式焊接构件，其两侧安装减速器和盲轴。传动装置由电动机、液力耦合器、减速器、连接罩以及链轮、盲轴等组成。电动机、减速器和液力耦合器通过连接罩连成一体，并借助于减速器外壳固定在机头架的侧面。连接罩中的液力耦合器支承在减速器轴上，通过弹性联轴器与电动机轴相连接。链轮有单链轮和双链轮两种结构。双链轮又有中双链轮和双边链轮之分。中双链轮由链轮体和滚筒焊接而成，滚筒内孔为内花键，一端与减速器输出轴配合，另一端与盲轴配合。

3. 刮板链

刮板链有单链和双链两种。双链刮板链又分双边链和中双链，见图 4-6。刮板链段由圆环链、刮板和接链环等组成。刮板链有标准长度的链段和调节用不同长度的链段。

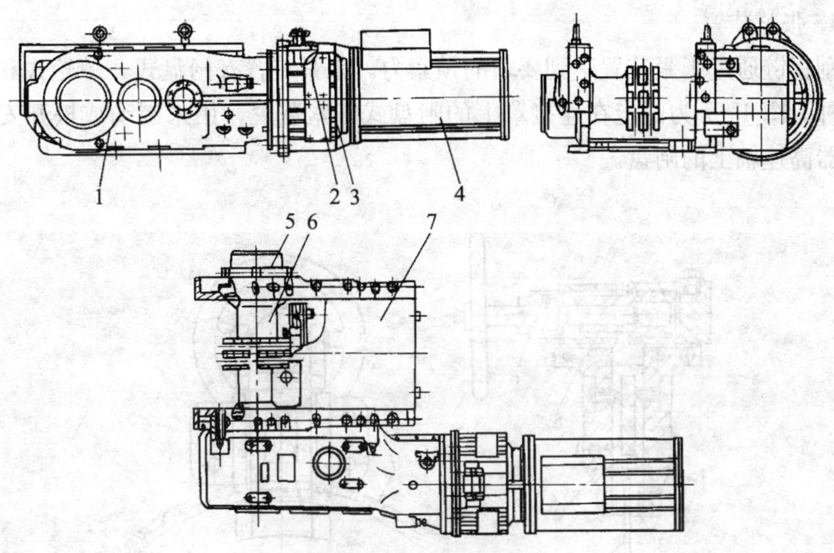

图 4-5 机头机尾部

1—减速器；2—液力联轴器；3—连接罩；4—电动机；
5—盲轴；6—链轮；7—机头架

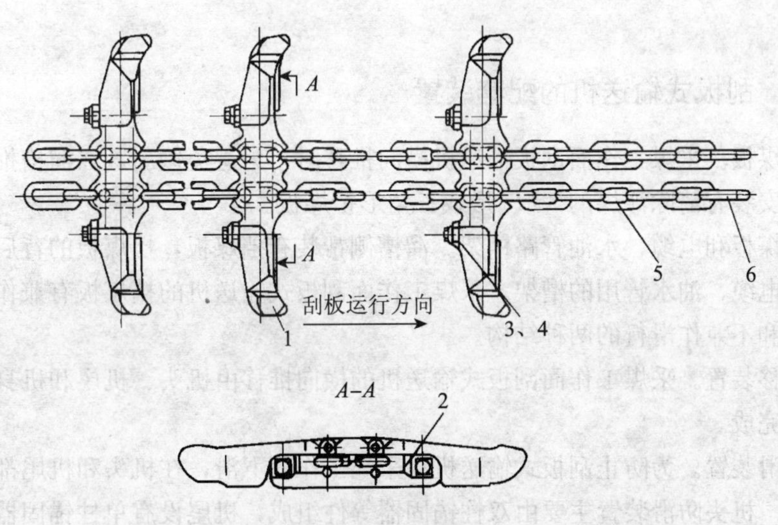

图 4-6 刮板链

1—刮板；2—横梁；3—螺母；4—螺栓；5—圆环链；6—接链环

4. 张紧装置

刮板链通过张紧装置达到要求的预紧力。张紧装置有闸盘式、棘轮式和液压式三种。图 4－7 为固定在连接罩上的闸盘式张紧装置，用来制动或松开安装在减速器高速轴上的闸盘。

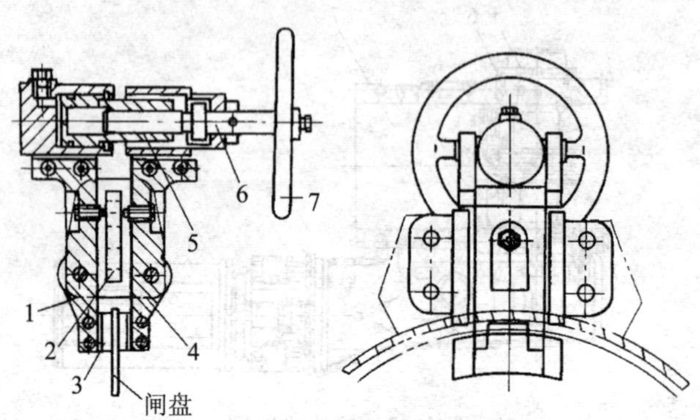

图 4－7　闸盘式张紧装置

1—前夹板组件；2—支承板；3—闸块；4—后夹板组件；5—丝母；6—丝杆；7—手轮

4.2.2　刮板式输送机的配套装置

铲煤板。采煤工作面刮板输送机横向推移时，为避免倾斜，在溜槽推进方向的侧帮安装有清除浮煤的“L”形或三角形铲煤板。

挡煤板和电缆、水油管路槽架。溜槽侧帮装有挡煤板，挡煤板的背后焊有用来敷设电缆、油水管用的槽架。采煤工作面刮板式输送机的挡煤板有兼作采煤机滑行的和不兼作滑行的两种结构。

推移装置。采煤工作面刮板式输送机的横向推移由机头、机尾和机身推移千斤顶来完成。

防滑装置。为防止刮板式输送机在采煤工作面下滑，在机头和机尾都设有防滑装置。机头防滑装置主要由双柱锚固器等件组成，机尾设有单柱锚固器。防滑锚固时将液压立柱升起，撑在上下工作面之间，使其固定。

4.2.3　刮板式输送机的工作原理

刮板式输送机传动原理见图 4－8。它是由刮板链条通过与链轮啮合实现在料槽中运动的，属于链传动。无端的刮板链条被主动链轮驱动作闭合循环运动。刮板链条在上、下料槽中移动，将装在料槽中的散粒物料带走，完成输送物料的任务。尾部链轮可以是主动轮，也可以是导向轮。拉紧装置给刮板链条一定的拉紧力，以保证链条与链轮的正常啮合和分离。

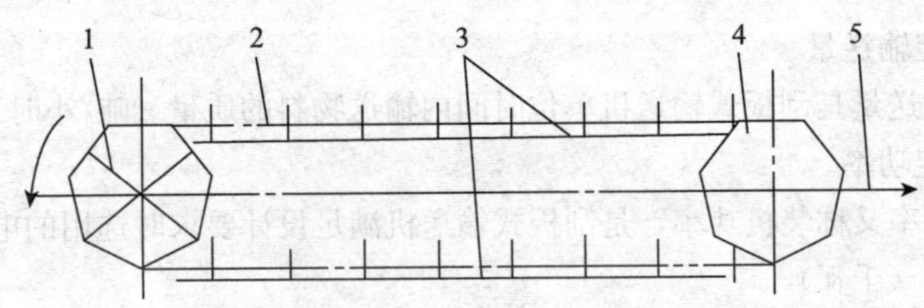

图 4－8 刮板式输送机传动原理图

1—主动链轮；2—刮板链条；3—上、下料槽；
4—尾部链轮；5—拉紧装置

刮板链条的牵引运动有以下特征：

①由于链轮齿数有限，刮板链条绕经链轮时呈多边形运动，而不是圆形运动。所以链条速度是周期性变化的，其加速度也是周期性变化的。因而对链条也产生周期性的动载荷。

②由于输送的是散粒物料，因而物料和刮板链条间存在着一定的相对运动，使参与运动的质量每一瞬间均不相同，链条中周期性的动张力在每一瞬间均不相同。

③链条实际是弹性体，因而在链轮与链条啮合的瞬间，能量不是立即传递到整个链条上，而是以某一速度（弹性波传播速度）由一个断面传递到另一个断面，这使瞬间链条上各点的速度不相同。

④链条受周期性动载荷的作用，在其内部会产生弹性振动，弹性振动由强迫振动和自由振动两部分组成，当这两种振动的频率重合时，链条将产生共振现象，这时链条内产生的动张力最大。一般当链条速度为 0.5 米/秒左右时，链条易产生共振。

4.3 刮板式输送机主要性能及选用

4.3.1 刮板式输送机的主要性能参数

1. 额定输送量

额定输送量是刮板式输送机单位时间内输送物料的质量（吨/小时）。

2. 额定功率

额定功率又称装机功率，是刮板式输送机满足设计要求时选用的电动机额定功率的总和（千瓦）。

3. 刮板链条速度

刮板链条速度简称链速，是刮板链条沿物料前进方向单位时间移动的距离（米/秒）。

4. 设计长度

设计长度是刮板式输送机满足设计条件的允许长度（米）。其数值为沿底板直线铺设头部至尾部链轮中心的距离。相同条件下，实际铺设长度等于或小于设计长度。

5. 铺设倾角

刮板式输送机铺设后，机身与水平面的夹角 β 为铺设倾角。

6. 阻力系数

综合考虑刮板链条与溜槽的摩擦、物料与溜槽的摩擦和物料与物料间的摩擦的当量摩擦系数，同输送机结构、运行断面、物料性质、底板情况、溜槽铺设质量、卸载方式、底链回煤状况等多种因素有关。一般通过试验测定，通常按下列情况取值：

煤炭在溜槽中移动的阻力系数 ω 为 0.33～0.8，一般取 $\omega=0.5\sim0.6$。

刮板链条在工作溜槽移动的阻力系数 $\omega'=0.3\sim0.4$。

刮板链条在回链槽中移动的阻力系数 ω''，当底槽封底时，$\omega''=0.3\sim0.4$；当底槽敞底时 $\omega''=0.5\sim0.95$。

7. 链条预紧力和紧链力

链条预紧力又称链条预张力，是刮板式输送机在运行之前，为消除链条在额定负载下运行中的弹性伸长量，避免发生悬链和堆链故障，预先给链条施加一个拉紧力，称为链条预紧力。链条紧链力又称链条拉紧力，包括链条预紧力、连接链条时需要的附加牵引力和底链紧链时的移动阻力三项之和。

8. 链条最大张力和牵引力

(1) 链条最大张力

刮板式输送机满载启动时，可能产生的电动机最大扭矩对应链条在主动轮上绕入点的张力，称为启动时链条最大张力。刮板式输送机满载运行时，链条在主动轮上绕入点的张力，称为链条运行时最大张力。一般链条运行最大张力小于满载启动时链条最大张力。

(2) 牵引力

驱动装置作用在驱动链轮圆周上的力，其值等于链条与链轮绕入点的张力、绕出点的张力和绕过链轮时的附加阻力之和。

9. 链条安全系数

刮板式输送机链条最小破断力与链条最大张力的比值，称为链条安全系数。

4.3.2 刮板式输送机选型需要考虑的主要因素

①物料特性。包括物料粒度组成，松散密度，静堆积角或动堆积角，温度、黏度及相对湿度，磨损性、腐蚀性和其他特殊性质。

②输送机的输送能力。有最大输送能力和平均输送能力之分，如需调节输送能力，应指明速度的变化范围。

③给料点、卸料点的数目和位置。

④工作制度及工作条件。年工作日数：一昼夜的工作时间；安装地点，即露天、厂房内或走廊；工作环境，即干燥、潮湿、尘埃多少等。

⑤选用机型的外形及安装尺寸。

⑥选型计算。包括刮板式输送机的输送量 Q（吨/小时）的计算，刮板式输送机的牵引力计算，刮板式输送机的倾角计算，刮板式输送机的提升高度计算，刮板式输送机的功率计算。

4.4 刮板式输送机使用及维护

4.4.1 刮板式输送机的操作注意事项

1. 操作注意事项

启动前必须发出信号，向工作人员示警，然后断续启动，如果转动方向正确，又无其他情况，方可正式启动运转。

防止强制启动。一般情况下都要先启动刮板式输送机，然后再往输送机的溜槽里装物料。

在进行爆破时，必须把整个设备，特别是管路保护好。

不要向溜槽里装入大块物料，如若发现应立即处理，以防损坏刮板链。

一般情况下不准输送机运送支柱和木料等物。必须运输时，要制定防止顶人、顶机组和顶倒支柱的安全措施，并通知司机。

启动程序一定由外向里，沿逆物料流方向依次启动。

刮板式输送机停止运转时，要先停止其配套的装载机。

要停止运转时，应将溜槽里的物料拉运干净，然后由里向外沿顺物料流方向依次停止运转。

运转时要及时供水，洒水降尘，停机时要停水。无物料时不得长时间的空运转。

运转中发现断链、刮板严重变形、机头掉链、溜槽拉环，出现异常声音和有关部位的油温过高等事故，都应立即停机检查处理，防患于未然。

在投入运转的最初两周，要特别注意刮板的松紧程度。刮板链在松弛状态下运转时会出现卡链和跳链现象，使链条和链轮损坏，并发生断链或底链掉道等故障。

检查刮板链松紧程度最简单的方法是点动机尾传动装置，拉紧链条，数一下松弛链环的数目。如果用机头传动装置拉紧链条，则需反向点动机，在机头处数一下松弛链环的数目。当出现两个以上完全松弛的链环时需重新紧链。

2. 刮板式输送机的润滑

注油是刮板式输送机维护工作的重要一环，因此对各传动部上的润滑点应及时注入规定的润滑油。在注油时应特别注意防止散落物料、杂物等进入减速器等部件内。

液力耦合器的轴承是靠其中的工作油来进行润滑的，工作油为 22 号汽轮机油。

4.4.2 刮板式输送机的操作

刮板式输送机司机必须由经过培训，熟悉和掌握所使用的刮板式输送机的性能、结构、工作原理，了解操作规程及维护保养制度，并经考试合格持有司机操作资格证的人员担任。

1. 刮板式输送机司机操作规程

(1) 准备工作

认真检查传动装置中各部螺栓是否齐全、牢固；检查通信信号系统是否畅通，操作按钮是否灵敏可靠；检查减速器油量是否符合规定，检查联轴节及减速器有无渗漏现象；点动输送机，无问题后试运转一圈，细听各部声音是否正常；检查所有链条、刮板连接螺栓有无丢失、松动和弯曲过大等现象；检查备品、备件是否齐全；检查文明生产情况。

(2) 运行中的注意事项

听清信号，信号不清不准操作；经常注意电动机减速器的运转声音，如发现异常响声，应立即停机检查，处理后方准重新启动；经常观察链条、连接环、托叉、护板等的状态，发现问题及时处理；联轴节的易熔塞不准使用其他材料代替或堵住；利用输送机运大件时，必须按安全技术措施执行，严禁损坏设备，避免伤人。

(3) 停机后的工作

应把刮板式输送机中的物料、货输送完毕再停机；清理机头机尾各部位，不得压埋电动机、减速器，保持良好的文明生产环境；认真填写工作日志，把当班输送机的运转情况向接班人交代清楚。

2. 刮板式输送机司机岗位责任制

熟悉本机的技术特征、安全规程、操作规程，经培训考试合格后，持证上岗操作；开工前检查好本岗位地点的安全情况，按操作规程的要求检查刮板式输送机的各部件；开机时要点动1～2次后再正常启动，防止刮板式输送机内有人被拉倒或有卡链吃劲的地方发生断链事故；在工作中司机要精神集中，时刻注意信号及前部输送机的运转情况，及时开停输送机；对输送机各部件实行“四检”。

4.4.3 刮板式输送机的维护与保养

刮板式输送机的定期维护与保养工作是延长机器的使用寿命，保证刮板式输送机安全运转的主要手段。检修可分为日检、周检、季检、半年检或大修等几类，其内容如下。

(1) 日检

检查减速器的声音正常与否，检查振动、发热和油位情况；要勤摸电动机、减速器、各轴承的温度，一般不超过65℃；检查减速器和液力耦合器等是否漏油，按规定往各润滑部位注入润滑油脂；检查刮板链的张紧程度，有无拧麻花现象，链环和连接环有无损坏，刮板有无弯曲和损坏；检查溜槽的磨损、变形和连接情况，挡板和铲板有无变形、磨损，连接是否紧固；检查各部件的连接情况，有无松动和丢失或损坏。

（2）周检

除包括日检内容外，还应检查下列内容：检查减速器的油质是否良好，润滑状况及齿轮啮合情况，以及液力耦合器和减速器等连接螺栓的紧固情况；查看机头架和机尾架有无损坏、歪斜；用安培表检查液力耦合器启动是否平稳，各台电动机负荷分配是否均衡，必要时可调整注油量；测量电动机绝缘，检查开关接头及防爆面的情况；检查拨链器、压链板的磨损情况，保证正常工作。

（3）季检或半年检

每季度应对橡胶联轴器、液力耦合器、过渡溜槽、链轮和拨链器进行轮换检修一次（拨链器可视磨损情况而定），每半年应对电动机和减速器进行一次全面的检修。

（4）大修

当完成一次工作后，应将整套设备升井进行全面检修。

（5）刮板式输送机的润滑

刮板式输送机各部使用润滑油的规格及注油时间见表 4－1。工作油是 22 号汽轮机油。

表 4－1　　刮板式输送机润滑油规格及注油时间

机型	润滑部位	注油点	润滑油牌号	注油时间
SGW－40/80 型	电动机轴承	2	钙钠基润滑酯 ZGN－2	检修时注油
	减速器轴承齿轮	注入箱内	汽缸油 HG－11	检修时注油
	减速器第一轴轴承	1	钙钠基润滑脂 ZGN－2	每月注油一次
	盲轴轴承	1	钙钠基润滑脂 ZGN－2	每月注油一次
	机尾轴轴承	2	钙钠基润滑脂 ZGN－2	每月注油一次
SGW－150 型	电动机轴承	4	钙钠基润滑脂 ZGN－2	检修时注油
	减速器齿轮	2	汽缸油 HG－11	检修时注油
	减速器第一轴轴承	2	钙钠基润滑脂 ZGN－2	检修时注油
	盲轴	2	钙钠基润滑脂 ZGN－2	每月注油一次

4.4.4 刮板式输送机的检修

刮板式输送机常见故障及处理方法见表 4-2。

表 4-2　　刮板式输送机常见的故障及处理方法

故障现象	产生原因	处理方法
电动机启动不起来	1. 负荷过大 2. 电器线路损坏	1. 减轻负荷，将上槽物料去掉一部分 2. 检查线路，更换损坏零件
电动机发热	1. 超负荷工作时间过长 2. 通风散热条件不好	1. 减轻负荷，缩短超负荷工作时间 2. 清除电动机周围散落物料和杂物
电动机声音不正常	1. 单相运转 2. 接线头不牢	1. 检查处理 2. 接牢
液力耦合器打滑	1. 液力耦合器里的油量不足 2. 溜槽内堆积物料过多 3. 刮板链被卡住	1. 补充油量 2. 将溜槽内的物料去掉一部分 3. 检查处理
一个液力耦合器温度过高	1. 两个液力耦合器里的油量不等 2. 联轴器罩内被卡住或涡轮被卡住	1. 调整油量 2. 清除杂物
液力耦合器漏油	1. 注油塞或易熔合金保护塞松动 2. 密封圈及垫圈损坏	1. 拧紧 2. 更换
液力耦合器打滑，温度超过 120℃～140℃，但易熔合金不熔化	易熔合金配方不对	消除打滑原因，更换合格的易熔合金保护塞
减速器声音不正常	1. 齿轮啮合不好 2. 轴承或齿轮磨损或损坏 3. 减速器里润滑油有金属杂物 4. 轴承窜量大	1. 重新调整 2. 修理或更换 3. 清理杂物 4. 调整轴承的轴向间隙
减速器温度过高	1. 润滑油不合格或不洁净 2. 润滑油过多或过少 3. 冷却散热不好	1. 更换合格的润滑油 2. 放出或补充润滑油 3. 清除减速器周围的杂物

续 表

故障现象	产生原因	处理方法
减速器漏油	1. 密封圈损坏 2. 减速箱体结合面不严，各轴承盖螺钉松动	1. 更换 2. 拧紧螺钉
盲轴轴承温度过高	1. 密封圈损坏，油不洁净 2. 轴承损坏 3. 油量不足	1. 更换 2. 更换 3. 补油
刮板链在链轮处跳牙	1. 连接环安装不正确或圆环链拧麻花 2. 链轮轮齿磨损严重 3. 刮板链过松	1. 重新调整 2. 更换 3. 重新紧链
链子卡在链轮上	拨链器松动、损坏或脱落	1. 拧紧螺栓 2. 更换拨链器
刮板链掉道	1. 刮板链过松 2. 刮板弯曲严重 3. 工作面不直，两条链子因受力而使刮板倾斜 4. 机身过度弯曲	1. 重新紧链 2. 更换 3. 修直工作面，检查修理刮板链 4. 一次推移距离不要过大，不要急弯
刮板链过度振动	1. 刮板链运行中受到刮卡 2. 溜槽脱开或连接不平	1. 检查处理 2. 接好溜槽、调平接口

4.5 刮板式输送机使用案例分析

长运距刮板式输送机成套设备的应用

同煤集团采用张家口煤矿机械有限公司开发的新一代大功率、长运距、大运量、超重型工作面成套输送设备，2002 年首次应用于四老沟矿 5 米一次采全高工作面。至今，该套设备共采完 3 个工作面，累计运煤量 420 万吨，工作面各项指标也连创佳绩。现将该套设备的总体设计技术性能，以及使用中作出的局部改进情况介绍如下。

1. 配套设备及技术性能

（1）配套设备

采煤机：SL-500 型（德国艾克夫）

液压支架：ZZ9900/29.5/50 型（北京煤机厂）

带式输送机：SSJ-1200/3×250 型（广东东莞石龙煤机厂）

刮板式输送机：SGZ1000/1050 型（张家口煤矿机械有限公司）

转载机：SZZ1000/375 型（张家口煤矿机械有限公司）

破碎机：PCM250 型（张家口煤矿机械有限公司）

输送机自移机尾：ZY2700 型（张家口煤矿机械有限公司）

（2）技术性能

①SGZ1000/1050 型刮板式输送机：

输送量：2000 吨/小时

设计长度：200 米

链速：1.25 米/秒

驱动功率：2×525 千瓦

圆环链规格：Φ38×137 米

②SZZ1000/375 型转载机：

设计长度：50 米

输送量 2500：吨/小时

刮板链链速：1.83 米/秒

爬坡角度：10 度

圆环链规格：Φ38×137 米

③PCM250 型锤式破碎机：

通过能力：2500 吨/小时

电动机功率：250 千瓦

破碎机主轴转速：408 转/分钟

破碎锤头数：8 个

破碎锤头冲击速度：22 米/秒

④ZY2700 型皮带机自移机尾：

推移液压缸数量 2 组，最大推/拉力（单缸）631 千牛/385 千牛，行程 2700 毫米。

调高液压缸数量 4 组，最大推/拉力（单缸）631 千牛/385 千牛，行程 250 毫米。

水平液压缸数量 2 组，最大推/拉力（单缸）260 千牛/260 千牛，行程 200 毫米。

SGZ1000/1050 型刮板式输送机采用高强度交叉侧卸式机头、端面压块式组合架体，链轮安装与拆卸方便。机架与过渡槽采用镶嵌式高强度哑铃连接结构，交叉侧卸式机头架有效地降低了卸载高度，有利于采煤机自开缺口，并且大幅度减少了侧卸处空气的煤尘含量。采用两级行星减速器，设计寿命 15000 小时，相对转速差为 0.2%，并采用翅片管冷却装置，使冷却效果大大改善。针对过渡槽工况恶劣，寿命较短的状况，过渡槽加厚了侧板，并与中板连成一体构成箱式结构，提高了过渡槽的刚度、强度和耐磨性。中部槽采用高强可焊铸钢整体铸造，经调质、喷丸处理，并采用锻造哑铃连接，连接强度高。采用紧凑型液压张紧，机械闭锁式伸缩机尾，可保证链条适度地张紧，有效地提高了链轮和链条的使用寿命。电机与减速器之间采用干式多片摩擦限矩离合器，可使减速器、刮板链和链轮组件避免冲击负荷下的非正常损坏。

SZZ1000/375 型转载机采用可伸缩机头，通过两侧油缸可调整刮板链的松紧程度，保证刮板链处于适度预张紧状态，有利于设备的正常运行和减少刮板链的过度磨损。所有溜槽均采用高强钢板整体组焊结构，内槽宽 1000 毫米，中板厚度 40 毫米，封底板厚度 30 毫米，不仅简化了结构，方便了安装，并提高了设备的可靠性。

采用铰接槽和可弯曲调节槽，使转载机能适应弯曲、输送机的上下窜动和巷道的起伏，并有利于设备配套。机尾采用五齿链轮、矮机身机架，机械浮动密封，远程注油润滑，降低了机尾高度。采用了重型锻造刮板和 D38×137 毫米紧凑链，保证了设备的可靠性。与皮带机的搭接采用可移动式皮带机机尾自移装置，缩短了转载机架桥段的长度，克服了传统回采作业受皮带机搭接长度制约的缺陷。机头链轮采用七齿链轮，有利于提高链轮的强度和寿命。转载机机尾落地段溜槽间采用高强哑铃连接，提高了连接强度，增大了转载机的水平和垂直弯曲的角度，提高了转载机对顺槽底板的适应性。

ZY2700 型皮带机自移装置自移小车与转载机机头铰接安装，通过偏心设计，解决了大型转载机机头的偏沉问题。通过两组水平油缸和四组垂直油缸的调节，可保持皮带机尾的水平，防止皮带跑偏。自移小车采用自平衡机构，保证两侧导轨的支承压力相同。通过推移油缸实现皮带机机尾自移装置底基架的前移。在自移小车上增设卸载缓冲装置，减少了煤炭卸载对小车架的冲击和破坏。

2. 应用过程中的改进情况

①中部槽铲板。原输送机中部槽槽帮虽进行了调质处理，但由于采煤机整机质量大，牵引力也大，铲煤板的磨损相当严重，工作面推进 9 个月时，铲煤板已经磨损，特别是靠近头尾处的厚度已不足 20 毫米，严重影响采煤机的牵引。分析受力情况后将已失效的铲煤板整体割除，使用新型耐磨合金材料 WH60 在原位置整体焊接，并在其上表面堆焊 3 毫米厚的耐磨层。改造修复后的中部槽满足了输送机的推移及采煤机的牵引要求。

②由于 ZY2700 型皮带机自移装置的油缸推移行程大，在油缸伸缩过程中，工作不稳定，出现脉动现象。针对此问题，在皮带机自移装置的油缸底部增加了一个托架，提高了油缸的工作稳定性。该套设备于 2002 年 10 月正式投产，到目前为止，已采完 8402、8404、8406 三个工作面，采高最大为 4.8 米，最高日产达 1.5 万吨，最高月产达 31.55 万吨，刷新了集团公司三项纪录。

5 斗式输送机

5.1 斗式输送机概述

5.1.1 斗式输送机的分类

斗式输送机就其结构和使用范围可分为两种类型：一类是单一运输物料的输送机，或称之为非脱水斗式输送机，它主要用于选煤厂原煤准备车间提升物料；另一类是既运输又脱水的输送机，也可称脱水斗式输送机，它主要与跳汰机或捞坑斗提升机配合使用，提运选后产品，并进行脱水。

同时，斗式输送机还有如下几种分类方式：

①按布置形式分为垂直式和倾斜式。

②按牵引构件形式分为带斗式和链斗式。

③按装载方式分为挖取式和装入式。

④按卸载方式分为离心式、重力式和混合式。

⑤按用途分为通用式和专用式。

5.1.2 斗式输送机的特点

①驱动功率小，采用流入式喂料、诱导式卸料、大容量的料斗密集型布置。在物料提升时几乎无回料和挖料现象，因此无效功率少。

②提升范围广，这类输送机对物料的种类、特性要求少，不但能提升一般粉状、小颗粒状物料，而且可提升磨琢性较大的物料，密封性好，环境污染少。

③运行可靠性好，先进的设计原理和加工方法，保证了整机运行的可靠性，无故障时间超过 2 万小时。提升高度高，输送机运行平稳，因此可达到较高的提升高度。

④使用寿命长，输送机的喂料采取流入式，无须用斗挖料，材料之间很少发生挤压和碰撞现象。本机在设计时保证物料在喂料、卸料时少有撒落，减少了机械磨损。

5.1.3 斗式输送机的应用

斗式输送机是用于竖直或倾角大于70°线路上输送粉状、颗粒状及小块状物料的连续输送设备。

斗提机的优点是：结构简单紧凑，横断面外形尺寸小，可显著节省占地面积；提升高度较大；有良好的密封性，可避免污染环境。其缺点是：对过载较敏感；料斗和牵引构件易磨损；输送物料种类受到限制。

斗提机的输送能力通常小于600吨/小时，提升高度一般在80米以下。近年来由于钢绳芯输送带的发展，使牵引构件的强度大大提高。国外采用钢绳芯输送带作为牵引构件，并采用小型斗提机对大型斗提机定量供料，使斗提机的输送能力高达2000吨/小时，提升高度达到350米。斗提机不仅广泛用于堆场、仓库和矿井中，还可用它来卸船和装卸车。

5.2 斗式输送机结构

5.2.1 斗式输送机的结构

斗式输送机用固接着一系列料斗的牵引件（胶带或链条）环绕它的上驱动滚筒或链轮，与下张紧滚筒或链轮构成具有上升分支和下降分支的闭合环路。斗式输送机的驱动装置装在上部，使牵引件获得动力；张紧装置装在底部，使牵引件获得必要的初张力。物料从底部装载，上部卸载。除驱动装置外，其余部件均装在封闭的罩壳内。

斗式输送设备系统结构见图5－1。

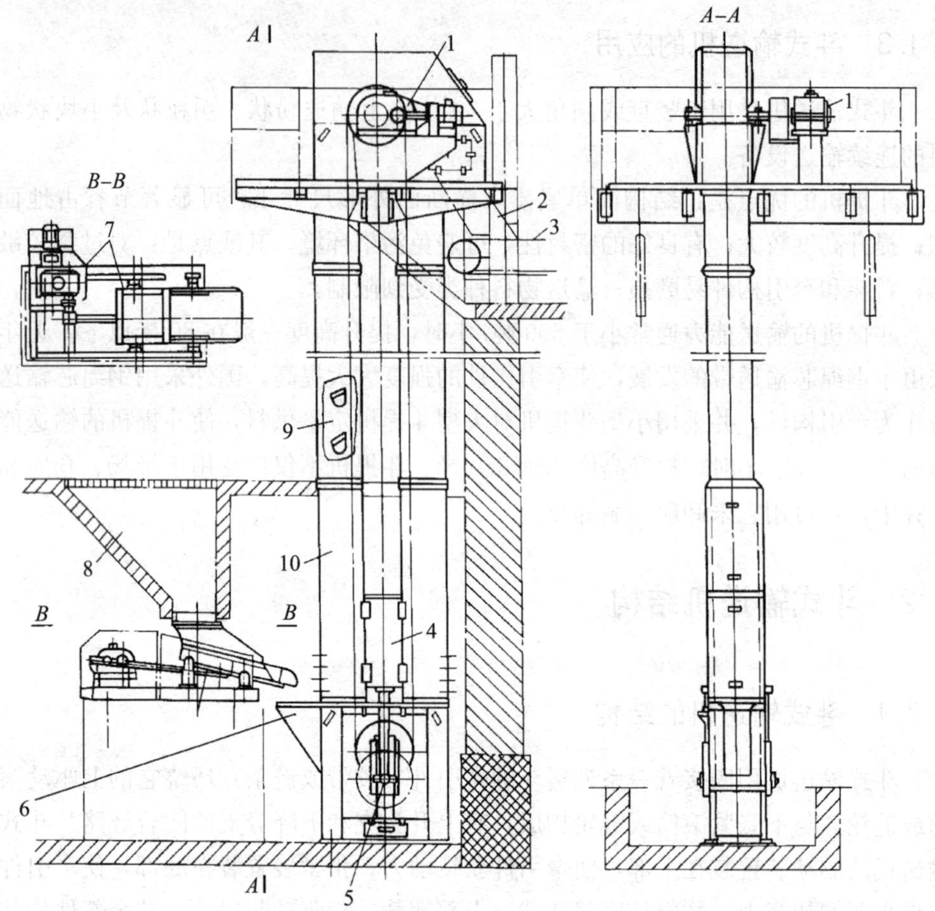

图 5-1 斗式输送设备系统结构

1—驱动装置；2—卸料槽；3—带式输送机；4—张紧重锤；5—张紧装置；6—底部装载槽；7—往复式给料器；8—存斗；9—牵引件及料斗；10—斗式输送机罩壳

5.2.2 斗式输送机的主要部件

斗提机的主要部件有牵引构件、料斗、驱动装置、拉紧装置、传动轮、拉紧轮、机壳等。

牵引构件有输送带或链条。用输送带作为牵引构件的斗提机称为带斗式输送机；用链条作为牵引构件的斗提机称为链斗式输送机。

斗提机使用的料斗主要有浅斗、深斗、导槽斗、组合斗、脱水斗等，可根据物料特性和卸载方式进行选择。

驱动装置包括电动机和传动装置等。传动轮可以是传动滚筒（牵引构件为输送带）或传动链轮（牵引构件为链条）。驱动装置与传动轮相连，使斗提机获得动力并驱使其运转。

斗提机通常采用螺旋式或重锤式拉紧装置，拉紧轮为拉紧滚筒或拉紧链轮，拉紧装置与拉紧轮相连，使牵引构件获得必要的初张力，以保证斗提机正常运转。

斗提机的机壳分头部、中间和尾部三部分。头部机壳与驱动装置、传动轮等组成斗提机头部。头部机壳的形状应根据物料的抛出轨迹进行设计，以保证从料斗中卸出的物料能顺利进入卸料槽中。尾部机壳与拉紧装置、拉紧轮等组成斗提机尾部，尾部机壳形状应与物料装载方式相适应。

5.2.3 斗式输送机的工作原理

1. TD 型斗式提升机工作原理

TD 型斗式提升机由运行部分（料斗与牵引胶带）、带有传动滚筒的上部区段、带有拉紧滚筒的下部区段、中间机壳、驱动装置、逆止制动装置等组成，适用于向上输送松散密度 $\rho<1.5$ 吨/立方米粉状、粒状和小块状的无磨琢性和半磨琢性散状物料，如煤、砂、焦末、水泥、碎矿石等。TD 型斗式提升机结构形式：TD 型斗式提升机的传动装置有两种形式，分别配有 YZ 型减速器 ZQ 或 YY 型减速器。YZ 型减速器直接装在主轴轴头上，省去了传动平台、联轴器等，使其结构紧凑、重量轻，而且其内部带有异型辊逆止器，逆止可靠。该减速器噪声低，运转平稳，并随主轴浮动，可消除安装应力。

2. HL 型环链离心斗式提升机工作原理

HL 型环链离心斗式提升机由运动部分（料斗与牵引链条）、带有传动链轮的上部区段、带有拉紧轮的下部区段、中间机壳、驱动装置、逆止制动装置等组成。本提升机的料斗为间断式布置，利用“掏取法”进行装载，“离心投料法”卸料。本提升机的牵引机构是两根环形链条。

3. TH 系列斗式提升机工作原理

TH 系列斗式提升机适用于输送粉状、粒状及小块状的无磨琢性及磨琢性小的物料。TH 型是一种圆环链斗式提升机，采用混合式或重力卸料，挖取式装料。牵引件用优质合金钢环链。中部机壳分单、双通道两种形式，为机内重锤箱恒力自动张紧。链轮采用可换轮缘组合式结构，使用寿命长，轮缘更换工作简便。下部采用重力自动张紧装置，能保持恒定的张紧力，避免打滑或脱链，同时料斗遇到偶然因素引起的卡壳现象时有一定的容让性，能够有效地保护下部轴等部件。该斗式提升机适用于输送堆积密度小于1.5吨/立方米，易于掏取的粉状、粒状、小块状的底磨琢性物料，如煤、水泥、碎石、砂子、化肥、粮食等。TH型斗式提升机用于各种散状物料的垂直输送，适用于输送粉状、粒状、小块状物料，物料温度在250℃以下。

4. NE系列板链斗式提升机工作原理

NE系列板链斗式提升机本机系流入式喂料，物料流入料斗内靠板链提升到顶端，在物料重力作用下自行卸料。本系列提升机规格多（NE15～NE800共11种），提升量广，且产能高，能耗较低，可逐步代替其他类型提升机。该机采用全封式机壳，链速低，几乎无回料现象，因此无效功率损耗少、噪声低、寿命长。

5. DZC系列振动提升机工作原理

DZC系列电机振动垂直提升机是由提升槽、振动电机、减振系统和底座等组成。该系列提升机是采用振动电机作为振动源，固定在提升槽上的两台相同型号的振动电机中心线交叉一定角度安装，并做相反方向自同步旋转，振动电机所带的偏心块在旋转时各个瞬间位置所产生的离心力的分力沿抛掷方向做往复运动，使支承在减振器上的整个机体不停振动，使物料在提升槽内被抛起的同时向上运动，物料落入入料槽后，开始被抛起，此时可以使物料与空气充分接触，还可以起到散热冷却的作用。该提升机对粉状、块状和短纤维状的固体物料（有黏性和易结块的除外）都可垂直输送，还可以完成对物料的干燥、冷却作用，分敞开式、封闭式两种结构，并可按照用户需要进行特殊设计。

5.3 斗式输送机主要性能及选用

5.3.1 常见斗式输送机的主要技术性能参数

常见斗式输送机的主要技术性能参数见表5－1。

表 5-1　常见斗式输送机的主要技术性能参数

型　号	D160	D250	D350	D450	HL250	HL300	HL400
物料温度（℃）	60 （普通带）	60 （普通带）	150 （耐热带）	150 （耐热带）	较D型 机高	较D型 机高	较D型 机高
S斗输送能力（m³/h）	8	21.6	42	70	22	28	47
Q斗输送能力（m³/h）	3.1	11.8	25	48	12	16	30
物料最大块度（mm）	25	35	45	55	35	40	50
最小电动机功率（kW）	2.2	3	5.5	7.5	4	5.5	5.5
最大电动机功率（kW）	7.5	7.5	10	10	7.5	10	10
斗提机最低高度（mm）	4820	4480	4300	4540	4480	4660	4520
斗提机最高高度（mm）	30020	30080	30300	29500	30080	30160	30320
高度级差（mm）	300	400	500	640	400	500	600
拉紧滚筒中心高（mm）	530	620	650	800	620	650	800
驱动段机壳高度（mm）	453	503	550	650	503	600	654
45°进料口高度（mm）	1050	1250	1440	1630	1250	1300	1630
60°进料口高度（mm）	1310	1540	1770	2000	1540	2280	2670
45°卸料口深度（mm）	800	900	1100	1200	900	1120	1200
水平卸料口深度（mm）	855	960	1170	1800	960	1190	1280
侧面机壳尺寸（mm）	456	586	710	858	568	638	758
端面机壳尺寸（mm）	906	1106	1236	1458	1106	1338	1458
驱动部位侧面最大尺寸（mm）	1060×293	1361×365	1521×423	1682×486	1361×365	1512×401	1632×461
驱动部位端面最大尺寸（mm）	906×800	1281×936	1358×1122	1470×1303	1281×936	1362×1172	1470×1294

5.3.2　斗式输送机的选用

斗式输送机的选型原则有如下几条：

（1）原始参数

物料名称，物料特性，包括粒度（mm）、松散密度 ρ（t/m³）、温度、湿度、黏度、磨琢性等，实际输送量 Q（m³/h），需要提升高度 H（m）。

（2）料斗形式

根据物料的湿度、黏度选择。浅料斗的前壁斜度大而深度小，适用于运送潮湿和流散性不良的物料。深料斗的前壁斜度小而深度大，适用于运送干燥且流散性好的物料。这两种料斗用在料斗呈稀疏布置的斗式提升机中。对于有导向边的料斗，由于当它绕过上滚筒时，前面料斗的两导向侧边即为后面料斗的卸载导槽，故适用于运送沉重的及有磨损性的物料，这种料斗用在料斗作密集布置的斗式提升机中。

（3）牵引构件种类

根据提升高度、物料温度选择。带式斗式提升机具有成本低、质量较小，可使用较高的速度、工作平稳且噪声小等优点，故应用较为广泛。但是，由于胶带强度较低，料斗在胶带上的固定处为薄弱环节，所以其提升高度一般都不太大，被运物料的种类也受到限制。链式斗式提升机却相反，它允许有较大的提升高度，可以提升块度较大和温度较高的物料。但是，链传动会产生动载荷。

（4）装料特性

根据物料特性、运行速度选择。掏取式主要用于输送粉状、颗粒状、小块状的无磨琢性或半磨琢性的散装物料，且多与离心式卸料配合应用。由于在掏取物料时不会产生很大的阻力，所以允许物料的运行速度较高，一般为 0.8～2.0 米/秒。流入式用于输送大块状和磨琢性大的物料。其料斗的布置很密，以防止物料在料斗之间散落。料斗的运行速度较低，一般不超过 1 米/秒。因此多用于重力式卸料的斗式提升机。

（5）卸料特性

根据物料特性、运行速度、牵引构件种类选择。离心式卸料适用于运送流散性好的粉状、颗粒状和小块状物料，且适用于料斗作疏散布置的高速提升机，而且主要是带式的。链式提升机较少采用离心式卸料。采用离心式卸料，料斗的运行速度通常取为 1～2 米/秒，目前已选用至 5 米/秒。重力式卸料适用于运送块状的、沉重的、磨琢性的物料，并适用于料斗作连续布置的垂直或倾斜斗式提升机。这时的料斗运行速度一般取为 0.4～0.6 米/秒，需配用有导向边的料斗。离心—重力式（混合式）卸料的适用范围介于上述两者之间，常用于运送流散性不良的粉状及含水分物料，运行速度为 0.6～0.8 米/秒。

（6）安装方式

根据工艺要求选择。由于倾斜式斗式提升机的牵引构件在垂度过大时需增设支撑牵引构件的装置，而使结构复杂，因此一般情况下多采用垂直式斗式提升机。当垂直式斗式提升机不能满足特殊工艺要求时，才采用倾斜式斗式提升机。

5.3.3 斗式输送机的选型原则与主要参数的关系

正确选择斗式提升机的类型，关键在于能否充分发挥其使用效率，满足生产的需要，最大限度地提高生产率。斗式提升机的实际使用过程中的一些情况表明，其生产率与料斗的提升速度、料斗容积及安装密度等主要参数密切相关。

①料斗的提升速度不但影响生产率，还影响卸料，应根据输送物料的不同进行选用。料斗的提升速度是否恰当，不但影响生产率，同时对卸料影响也较大。实验证明，当提升速度过低，斗式提升机的产量难以提高。并且，料斗中物料所受离心力较小，主要受自身重力的作用，当料斗间距稍大时，部分物料会从头部散落到提升筒体内，而不能被抛向出料口，影响斗式提升机的生产率，严重时甚至会出现堵塞现象。当提升速度过高，有料料斗绕上上滚筒时，料斗中物料所受离心力较大。对于流散性好的物料，部分会被过早地抛出料斗，与头部机壳碰撞后散落到筒体中；对于流散性不良的物料（如潮湿的粉料），部分会贴住料斗外侧不易抛出，造成返料，斗式提升机生产率也会降低。因此，提升速度应根据输送物料的不同进行选用。

实践证明，输送干燥、流散性好的物料易倒空，为提高生产率，提升速度可选用大一些，一般以 1.2～2.2 米/秒为宜（采用离心式卸料）；输送潮湿、流散性不良的物料，一般提升速度以 0.6～0.8 米/秒为宜（采用离心—重力式卸料）。

②应依据物料特性和提升速度选择斗型，并控制单位长度的料斗数量，来保证斗式提升机的生产率。料斗容积的变化（即型号不同）会影响斗式提升机的生产率。在提升带宽度相同的条件下，深料斗的容积较大。因此，相同型号的斗式提升机采用深料斗时，生产率较高。但斗型的选择主要依据物料特性和提升速度。一般，深料斗用于输送干燥、流散性好的物料，浅料斗用于提升潮湿、流散性不良的物料；提升速度较低时可用深料斗，提升速度较高时宜用浅料斗，这样有利于提高斗式提升机的生产率。

单位长度上料斗数量的多少，也会直接影响斗式提升机的生产率，同时对料斗的充填系数也有影响。从生产率计算公式可以看出，单位长度上料斗数量越多生产率越高；但另一方面，单位长度上料斗数量过多，又会降低料斗的充填系数，使生产率降低。目前大多数斗式提升机采用提高提升速度、控制单位长度上的料斗数量，来保证斗式提升机的生产率。通常输送粉状、颗粒状物料，每米长度安装 4～6 个料斗；输送块状物料，每米长度上安装 3～4 个料斗，从实际使用效果来看，这样的布置是合理的。

5.4 斗式输送机使用及维护

5.4.1 斗式输送机装载和卸载物料

斗提机在尾部装载，装载方式有挖取式和装入式两种。

(1) 挖取式

由料斗在料堆中挖取物料，见图 5-2。这种方式主要适用于粉状、颗粒状和磨琢性小的小块状物料。采用挖取式装料，料斗通常为稀疏布置，并允许料斗取较高的运行速度。为避免超载和物料反撒，应使挖取的物料面高度低于拉紧轮轴所在的水平面。

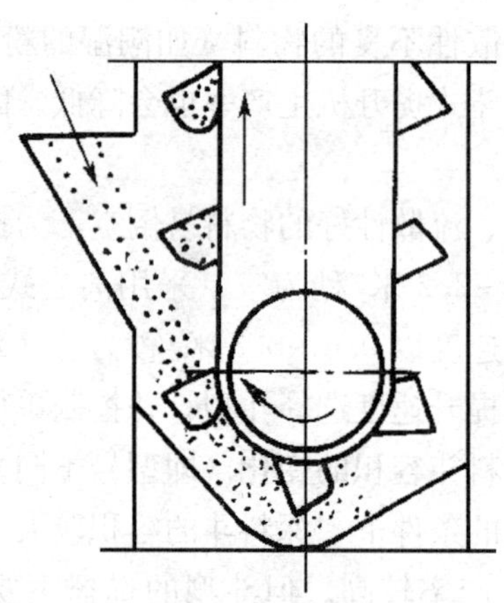

图 5-2 挖取式装料

(2) 装入式

直接把物料装入料斗内，见图 5-3。可用于输送块度较大或磨琢性较大的物料。采用这种方式装料，料斗应连续、密集地布置，并取较低的运行速度（一般小于 1 米/秒），且运动方向应迎向物料流动方向，供料口下缘的位置要高于拉紧轮轴所在的水平面。

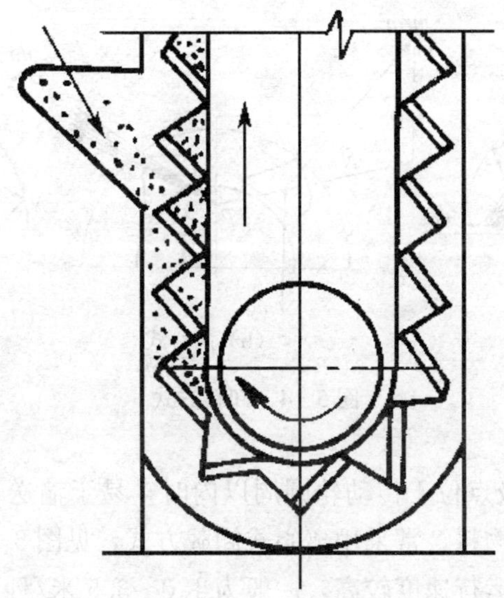

图 5-3 装入式装料

斗提机在头部卸载，卸载方式有离心式、重力式和混合式三种。

当料斗绕上驱动轮并随传动轮一起旋转时，斗内物料同时受到重力（mg）和离心力（$mr\omega^2$）的作用，它们的合力 N 的作用线始终与传动轮垂直中心线交于一点 P，称为极点，P 点至传动轮中心的距离 h 称为极距，极距 h 可按下式计算：

$$h=695/n^2$$

式中：h—极距（米）；

n—传动轮转速（转/分）。

可见，极距 h 的大小只与传动轮转速 n 有关，而与料斗位置及物料特性无关。当传动轮转速 n 一定时，h 为定值，随着 n 的增大，极距 h 逐渐减小，离心力与重力的比值增大；反之，n 减小，则 h 增大，离心力与重力的比值减小。卸载方式可根据极距 h 的大小判别。设料斗外缘到传动轮中心的半径为 r_1，传动轮半径为 r_2，则：

①当 $h>r_1$，即极点位于料斗外缘轨迹以外时，易于输送小块状的、密度较大的、磨琢性较大及脆性的物料，常采用重力式卸载方式，见图 5-4 (a)。通常用链条作牵引构件，料斗的运行速度一般为 0.4～0.8 米/秒，可以采用深斗。

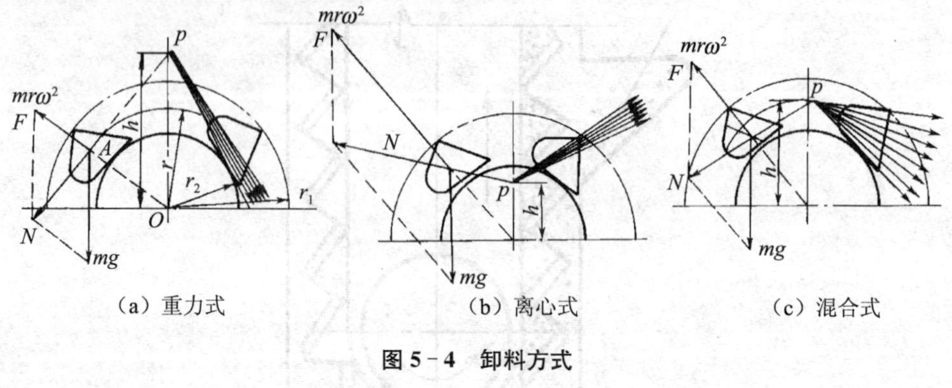

（a）重力式　（b）离心式　（c）混合式

图 5-4　卸料方式

②当 $h<r_2$，即极点位于传动轮圆周以内时，易于输送干燥的和流动性好的粉状、粒状及小块状物料，常采用离心式卸载方式，见图 5-4（b）。常用输送带作牵引构件，料斗的运行速度较高，一般为 1.0～3.5 米/秒，最高可达 5 米/秒。

③当 $r_2<h<r_1$，即极点位于传动轮圆周以外和料斗外缘轨迹以内时，易于输送潮湿的、流动性差的粉状和粒状物料，见图 5-4（c）。牵引构件可用输送带，也可以用链条，料斗的运行速度为 0.6～1.5 米/秒。

5.4.2　斗式输送机操作注意事项

开机前操作员要检查各部位螺栓有无松动，检查减速机、轴瓦及传动链条的润滑情况。

开机后，先试运转，检查注油器的工作情况、棘轮防倒装置的工作情况、斗链及传动链条的松紧程度、杓斗紧固情况等，确认带负荷运转无问题后，方可通知给料。

运转过程中司机应站在输送机一侧观察有无刮帮、卡位、堵塞及超负荷运行，并注意链板的运行情况，当发现链板轴脱销时应立即汇报，停机处理。运行中要经常注意倾听电动机、减速机及其他各部位的声响是否正常，发现问题及时汇报处理。

停机前，必须先停止向杓斗给料，待杓斗内物料排净后方可停机。一般情况下脱水式斗式输送机不准带负荷停机。

5.4.3 斗式输送机的维护

1. 斗式输送机班检、周检的主要内容

每班必须逐个检查各连接板、销轴与杓斗连接情况。出现窜轴、脱链时，应立即停机处理。当杓斗和链板出现严重变形与弯曲时，应及时更换。每周定班清理机尾箱体内堆积的物料和杂物，以防挤坏杓斗。

2. 斗式输送机运转过程中的维护

斗式输送机在运转过程中，操作人员及检修人员必须严格执行操作规程与检修规程，确保设备正常运转。特别要注意以下几点：

①当超负荷运转或卡斗等原因切断保险销时，应按要求更换新的保险销，不能用螺栓代替使用，其材质和加工要求均符合图纸规定。在安装保险销时，两保险销套平面间隙一般应在 0.2～0.5 毫米范围内。间隙过大易造成保险销被切断。

②杓斗的链条使用一段时间后，便会产生不同程度的磨损。当链条过松造成杓斗刮底时，或链条绕过机头轮两侧间隙不一致时，均应通过拉紧装置进行不定期的调整，以保持设备在良好状态下运行。

③当斗链使用一段时间后，其销轴和链板孔径磨损超过设备完好标准的规定时，应全部更换。

5.4.4 斗式输送机的一般故障处理

1. 产量不高，达不到原设计的生产率

原因之一是物料未能最大限度地装满畚斗。影响物料装满程度的因素有四个：极限物料面的高低、头轮转速、物料的堆积角和料斗的形状。极限物料面越高，装满程度越大；头轮转速越慢，料斗的装满程度越大；物料的堆积角越大，即散满性越差，料斗的装满程度也就越高；一般说料斗的口越大，肚越小，则越容易装满，故料斗应为口大肚小的三角形，浅斗比深斗容易装满。总之，为使料斗装满，底轮的转速应慢些，物料口要高些，畚斗的形状应更合理些。

原因之二是提升段撒料，观察办法是打开提升机的机头上盖，观察进曲线段畚斗的装满程度，并与底部位置畚斗的装满程度进行比较，若上部少于底部，则说明提升段有撒料现象。产生撒料原因有三：第一是胶带的初张力不够、畚斗因自身重量而扭转，形成撒料；第二是胶带运行跑偏，此时料斗与机筒碰撞，也会形成撒料；第三是自身有振动现象，比如旋转轮的惯性振动、胶带接头不平整等。机器周围是否有产生强烈振动的机械，如振动筛、鼓风机、内燃机等，振动将使散粒体物料的堆积高度降低，使装满的畚斗形成撒料。为此，解决畚斗撒料的方法是调整提升机胶带的初张力，纠正胶带跑偏，使提升机上各转动达到平衡；改进胶带接头，尽量做到平滑、柔软，增加隔振措施；减少其他机械的振动干扰。

原因之三是回流，即料斗抛出的物料不能全部进入卸料管而是部分返回机座的现象。回流是大多数提升机产量不高的原因。检查回流的方法是将耳朵贴在提升机的机筒上，听筒内有无像落雨的声音，据声音的大小、稠密状态判断回流的程度。这种方法对铁壳提升机尤为有效。产生回流原因的分析：打开提升机的机头上盖，仔细观察提升机在工作中物料撒出后的运动轨迹。若物料抛出得又高又远，已越过卸料管的进口，这说明机头外壳的几何尺寸过小。解决的办法是适当地把机头外壳尺寸放大。若发现部分物料抛得很高，落下来又达不到卸料管口时，说明料斗抛扔的时间过早，解决办法是降低胶带的运动速度。降低带速最简单的方法是将电动机上的带轮改小一些，使头轮的转速 n 能满足 $n \leqslant \sqrt{2684/D}$，式中 D 为头轮直径。若发现部分物料抛出后落得很近，不能进入卸料管，甚至倒入无载分支机筒内，这说明畚斗卸料结束得太迟，解决办法是修改畚斗形状，加大畚斗底角或减少畚斗深度。若发现部分物料抛出后碰到前方畚斗的底部，撞回机筒形成回流时，这说明畚斗间距过小，可适当增大距离。若发现畚斗在头轮的后半圆时尾部翘起，改变了物料抛出后的运动轨道，形成回流，这说明畚斗全高尺寸太大，可通过适当减少料斗高度加以解决。

以上是从提升机的装料、提升及卸料三部分分析提升机产量不高的原因及其解决办法。若通过以上办法产量仍然过小，就可将畚斗跨度和畚斗宽度都适当放大，但要在机筒尺寸允许的范围内。使用这种方法一定要注意电动机的负荷。电动机的工作电流绝不能超过其允许值，否则会将电动机烧毁。

2. 机座堵塞

若机座中物料过多、挖料阻力过大，则会导致胶带打滑或停止运动。发生这种现象有五个原因：一是进料不匀，忽多忽少。当进料多时，进料量大于提升量，以致机座中物料剩余并积累，使底座内物料逐渐升高，畚斗的运动阻力逐渐加大，达到一定程度，胶带出现打滑，还会造成停机或电动机烧毁。解决的办法是严格控制进料量，操作时要空载开车，逐渐打开进料闸门。由机座的正面视孔（玻璃窗孔）观察物料面上升状况。物料面达到底轮的水平轴线时（即物料斗脱离角为 40°时），进料闸门不能再增大。二是回流量太大，使提升的物料不能全部进入卸料管而返回机座，这样机座中物料增多造成堵塞。解决的办法是按前述方法减少回流。三是因停电或其他故障突然停机时，提升分支与回行分支质量不等，使提升机产生倒转，畚斗内物料倒入机座，再开机时易发生机座堵塞。解决这一问题的办法是在提升机主轴的一侧安装止逆器，防止提升机倒转。四是胶带打滑，减少了提升机的提升量，使机座内物料增多形成堵塞。解决的办法是增大张紧力，防止胶带打滑。五是大块异物进入机座造成堵塞，因此在提升机进料口处安装护栅网，以防事故发生。

3. 粉尘爆炸

解决的办法是增加出气孔，即在提升机头部卸料管的上方开设出气孔，出气管直接通向大气。增加除尘口，可在机头正面或背面安装吸尘风管，降低机头内粉尘浓度，使其不能产生粉爆。

5.4.5 斗式提升机料斗带不能张紧故障的处理方法

斗式提升机由于使用时间的不断增加，料斗带又大都为帆布带或橡胶织布带，故料斗带会随着使用时间的增长而被拉长。当它的拉长量超过了斗式提升机张紧机构的张紧行程时，张紧机构便不能发挥作用，料斗带也就不能被张紧，这样，斗式提升机便会发生堵塞、降低产量等现象，从而影响生产的正常进行。

针对上述问题，应使用一专用工具，先将料斗带张紧拉长，然后把料斗带被拉长的部分去掉，使其处于初始时的长度。这样，张紧机构便能将料斗带张紧，从而保证了斗式提升机的正常工作。这种处理方法被称为“缩带法”。

缩带法的操作方法如下：

①将底座中的底轮调至最高点，使料斗带处于最大限度的松弛状态。

②取下机头盖。在料斗带接头处的两边各拆下几只料斗（无底料斗为1～2组）。

③将拉紧料斗带的专用工具通过料斗带的连接螺栓与料斗带相连接（上下行料斗带都要连接）。

④用扳手交替转动专用工具上的螺母（两人操作时，在上下行带的两边同时进行），随着螺母的不断转动，料斗带逐渐被张紧拉长。

⑤当料斗带被张紧拉长到一定的程度时，将料斗带的原接头拆开，并对料斗带进行重新连接，多余的料斗带则用刀割去或用锯锯去。

⑥松动专用工具螺母。拆下专用工具，将料斗重新装上，调整好料斗带位置。

用缩带法操作时，还应注意以下几点：

①拆下料斗的数量应根据料斗带的松弛度和料斗带的长度来确定。如果拆多了，则操作困难；拆少了，则料斗带不能被张紧，通常松弛度大，料斗带长，相应多拆；反之少拆。

②在转动螺母的过程中，要随时检查料斗带的张紧程度。否则，张紧过度，料斗带有被拉断的危险（特别是使用时间较长的料斗带）。

③料斗带在张紧拉长结束时，应保证下行带比上行带的上升量要少，以便于料斗带的重新接头。

这种方法的特点是：

①间隔时间长。一般检修一次可间隔3～6个月。

②斗式提升机的张紧行程得到了最大限度的利用。

③工作量小，维修时间短，操作简单易行，维修费用低。

④专用工具结构简单，便于自己加工。

5.4.6 HL型和D型斗式提升机的常见故障和排除方法

1. 料斗刮碰机壳

当牵引链条或胶带张紧力不足时，或者新更换的链、带因早期磨损拉伸远远快于中后期的磨损延伸，而又未及时调节时，或者下端改向轴发生断裂时，都会造成料斗刮碰机壳的问题。

处理此故障比较简单，只要及时调整牵引链、带的张紧度就可以了，必要时应摘割适当长度的链、带，这样调节起来就比较方便。目前有些厂家采取在改向轴装置上配重，或者安装压缩弹簧，使牵引链、带始终自动处于张紧状态，效果较好。至于改向轴已经断裂的问题，应及时予以更换，必要时最好加大轴径，增加强度，以免故障的再次发生。

2. 料斗变形破损

由于斗式提升机一般安装在水平负标高的深坑里，地下的渗水或地面的雨水流入往往使下机壳内的物料板结，特别是间断运行时更是如此，这样极易刮损料斗。或者牵引链轮的链条轨道磨损严重，料斗在链轮边缘上受力，这也是料斗受损的重要原因。

排除和预防此故障：一是要做好机坑的防渗漏、防水浸，使机坑内保持干燥状态，对于输送粉状物料（如生料、水泥）时，干脆将斗式提升机安装在地平面上，把取消尾轴承装置的螺旋输送机连接在斗式提升机机壳上直接供料，根据改装的设备来看，此安装工艺对输送效果影响极小；二是及时更换已磨损的链轮，最好改进链轮结构，将其设计成为轮毂和轮缘的组合件，届时只需更换轮缘，既方便轻松，又可降低维修费用；三是加固料斗结构，除了在口沿和装配孔处采取加强措施外，背面两端角上可用长 30～50 毫米的小角钢包角焊实，这对防止料斗变形破损很有作用。

3. 垮落牵引链、带

这是重大设备事故之一。通常是由于牵引链条磨损严重，或者牵引胶带腐朽、老化撕裂而未能及时发现处理所造成。定期检查处理是有效的防范措施。

对于 HL 型斗式提升机，应根据其规格和提升高度掌握链条的磨损情况，当磨损量达到 30%～40%时则需全面更换。

勉强继续使用，势必造成垮链事故。链条的磨损，最两端的链环以及链钩较中部链环磨损速度要快得多。如果输送能力许可，最好将新链条增加两环，这样可将撤换下来的链条割除两端的链环，把中间的链条用于高度适当或者小一号规格的斗式提升机上，仍可使用到相当于原链条 2～3 倍的时间，大大降低生产成本。购置备件时最好买渗过碳的链条链钩，以延长使用寿命。

对于 D 型斗式提升机，一旦发现带面有龟裂脆化或腐朽现象，则需更换新带，若采用普通畚斗带，应是含有橡胶材料的带子，不可用纯线编织的带子，因为后者的使用寿命远远低于前者。有条件的厂家最好选用橡胶输送带。

4. 下部牵引链、带脱轨打滑

一旦牵引链、带张紧力不够，极易造成牵引链、带脱轨打滑，若不能及时发现处理，不是烧毁电动机，就是拉断牵引链带，酿成重大设备事故。

预防处理此故障，除了调整链、带张紧度外，最好能在下链轮两端加装挡斗盘。挡斗盘形状呈蝶形，一般用厚 6～10 毫米钢板制作，以保证必要的刚度，用螺钉将其固定在链轮的最端面。实践证明，挡斗盘对防止牵引链、带脱轨极有效果。

5. 牵引链、带跑偏

这里指牵引链、带跑偏比较严重而措施达不到纠偏要求的情况。如果主动链轮轴安装水平度太差，或者主、从动轮不在一个垂直投影面上，或者斗式提升机役龄较长、机壳发生倾斜，都能造成牵引链、带跑偏，且难以纠正。

处理此故障主要是检测校正。

首先用吊线锤检测斗式提升机中心线的垂直度，其累计误差不得大于总高的 0.5/1000，若误差值较大，则需校正机壳。其方法是将偏斜处的机壳法兰螺栓拧松（不可将螺母拧下，将螺杆取出），并用手拉葫芦（不要用卷扬机）将上机壳牵引纠正，在法兰连接处垫上开有对应螺栓缺口的薄钢板，然后放松手拉葫芦让机壳复位，拧紧螺栓，必要时应分段将机壳由下而上校正。

对于新建或改建生产工艺流程的厂家，最好在圆储库顶端或厂房顶对应于安装斗式提升机的位置，预置两根悬挑梁，将斗式提升机的传动工作平台和检修工作平台支承在悬挑梁建筑物上，减轻机壳的不平衡承重量，这可大大降低机壳发生偏斜的可能性，而且还可以建成一个小房子，对防风遮雨、保障设备和人身安全都极有好处。

其次检测上主动轮轴的水平度，其偏差值不得大于 0.5/1000，必要时应垫升轴承座，以达到技术要求。

最后再检测上下链轮横向中心线重合度，其误差不应大于 5 毫米。由于藏式轴承座轴向移动很困难，所以最好将下轴承座改装成外伸式轴承座，轴向移动或径向移动都很方便，既有利于安装调节，又避免粉尘侵入轴承腔，影响轴承和轴的使用寿命。

5.5 斗式输送机使用案例分析

湖南华中水泥厂一分厂设备应用

湖南省华中水泥厂一分厂所使用的 SDB4 - 24.6/5 板链斗式输送机经过近一年的运行，显示了优于 HL 型斗式输送机的性能，具体技术参数如下：

输进能力：45 吨/小时

斗宽：400 毫米

斗距：400 毫米

斗速：0.2 米/秒

允许物料粒度：＜150 毫米

允许物料温度：＜200℃

水平段长度：5 米

垂直提升高度：24.63 米

水平输进距离：32.94 米

倾斜角：45 度

作为上海新建机器厂此系列产品的第一台，华中水泥厂一分厂在投入生产时，由于没有使用经验，缺乏对设备性能的了解，在试运行中，传动装置出了几次事故。

1. 摆线针轮减速器高速轴扭断

传动装置由电机、液力耦合器、摆线针轮减速器和十字滑块联轴器组成。在试车中，减速器高速轴在运行不到30分钟就断裂，拆下后发现断在轴肩处，而轴本身在断裂处有裂纹，分析认为是因轴本身缺陷及初试车时设备没有跑合而摩擦力较大造成的。为此，华中水泥厂一分厂用45号钢重新加工了一根轴，要求调质后硬度为HB-187～229安装后运行良好，但累计690小时后，轴又从原来断的位置扭断（见图5-5）。经粗略检查，除滚轮轮缘与轨道侧面有擦亮的痕迹外，没有其他问题。因急于生产，华中水泥厂一分厂又用45号钢加工了一根轴，未经热处理就投入使用。运行中发现链板明显松弛，滚轮从尾轮进入轨道时，都要与轨道断面发生撞击。此轴运行30小时后又从轴肩处断裂。分析结果表明，在没有骤增负荷的前提下，即使滚轮擦轨并与轨道断面撞击，也不会使轴在30小时后断裂。作为传动轴，要抵抗扭曲变形及破坏，必须要提高轴表面材料的强度。为此，华中水泥厂一分厂采用现成的汽车半轴（40Cr）加工了一根轴，把易断处轴颈的表面粗糙度由Ra-1.6μm，降低到Ra-0.8μm，并且适当拉紧板链。现轴已运行1820小时，未发生任何事故。这充分说明了轴材质及热处理的重要性。

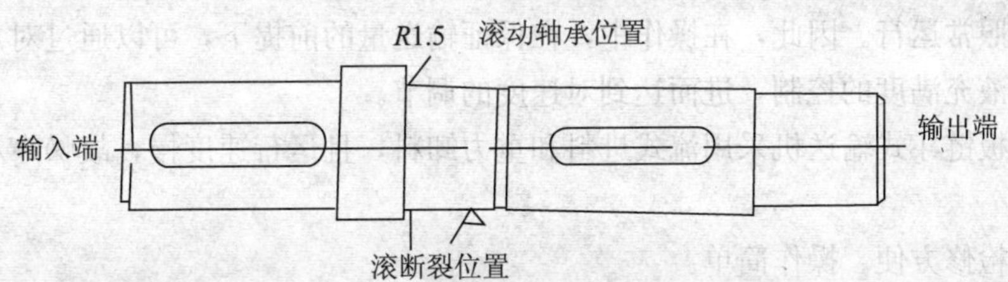

图5-5 摆线针轮减速器高速轴断裂示意图

2. 弹性花格板扭坏

弹性花格板是连接电机与液力耦合器的元件，在使用中扭坏过两次，后来采用$\delta=1.5$的冷轧钢板代替，至今未发生扭坏事故。

3. 使用小结

板链斗式输送机虽然发生过断轴及扭坏弹性花格板事件，但随着使用时间的延长，已积累了一些经验，并通过相应措施避免了此类事故的发生，同时它在其他方面的优势，更加明显地显露了出来。

①产量高。华中水泥厂一分厂 03×48m 回转窑设计产量为 15 吨/小时，实际产量为 10 吨/小时，而华中水泥厂一分厂所使用的 SDB4－24.6/5 板链斗式输送机输送能力为 45 吨/小时，因此台时产量大有潜力。

②允许物料粒度（小于 150 毫米）远大于 H 型斗式输送机允许粒度（小于 50ram），这样即使熟料破碎机损坏不能工作仍可继续生产。

③牵引件采用先进的承载件（带滚动轴承的滚轮）和牵引件（套筒）分工的结构形式，且料斗运行速度慢（V＝0.2 米/秒），仅为输送机速度（V＝1.25 米/秒）的 16％。因此，设备牵引能力大，运动件磨损小，工作寿命长，功率消耗少（电机功率为 7.5 千瓦）。

④较好的过载保护功能。传动装置采用液力耦合器，这样电机输出的机械能转化为传力油的动能和势能，然后这些能量差转化为输出轴的机械能。由于能量的柔性传递，使得电机启动电流小、冲击及振动小。更重要的是，当负载骤增时，传力油温度猛升，从而顶开热保护塞使油流出，这样板链停转而电机空转，在运行中，颚式破碎机两块颚板下料口而使板链卡死。由于热保护塞发挥作用而使设备未受损坏，体现了设备较好的过载保护功能。

⑤料斗运行速度的有级调节。在长期观察中发现，随着运行时间的延长，料斗速度越来越慢，甚至最后停车。拆下后发现高速轴未断，只是传力油太少，加油又可照常运行。因此，在操作中，在保证输送量的前提下，可以通过对加油量也即油液充满度的控制，进而达到对速度的调节。

⑥板链斗式输送机采用流式进料和重力卸料，且运行速度慢，故噪声小，扬尘小。

⑦检修方便、操作简单。

6 螺旋式输送机

6.1 螺旋式输送机概述

6.1.1 螺旋式输送机的分类

螺旋输送机是一种没有挠性牵引构件的输送机。它依靠带有螺旋叶片的轴在封闭的料槽中旋转而推动物料运动，或令带有内螺旋叶片的圆筒旋转使物料运动（螺旋管输送机）。

螺旋输送机结构较简单，横向尺寸紧凑，便于维护，可封闭输送，对环境污染小，装卸料点位置可灵活变动，在输送过程中还可进行混合、搅拌等作业。但物料在输送过程中与机件摩擦剧烈且产生翻腾，易被研碎，能耗及机件磨损较严重。因此，它的机长一般在 70 米以内，输送能力一般小于 100 吨/小时。它适于输送黏性小的粉状、粒状及小块物料，不宜输送易变质的、黏性大的、易结块的及大块的物料。

螺旋输送机可分为普通螺旋输送机、螺旋管输送机、垂直螺旋输送机及可弯曲螺旋输送机四大类。

6.1.2 螺旋式输送机的特点

1. 螺旋管输送机的特点

位于管内螺旋叶片之间的物料在摩擦力作用下随管转动一个角度并被提升，然后物料在重力作用下沿螺旋叶片之间的通道下滑，从而使物料产生轴向移动，这种输送机适于输送热料或纤维状物料。它不易堵塞，也不会因吊轴承的润滑脂而污染物料，在输送过程中混合、通风、干燥、冷却等作用较好。但占地面积大，一般在两端装卸料，不宜输送黏性物料，因此多在与工艺过程结合的场合才使用。

2. 垂直螺旋输送机的特点

当螺旋轴以较高的速度旋转时，物料与叶片之间的摩擦力使物料逐渐加速。

一旦物料颗粒所受的离心力大于物料与叶片间或物料颗粒相互间的摩擦力，它将向外壳壁移动，从而增加了对外壳壁的压力。外壳壁对物料颗粒的摩擦力，使靠近壳壁的物料颗粒减速并与叶片之间产生相对运动，从而被叶片推着上移。物料在螺旋叶片上堆积的横截面见图 6-1。

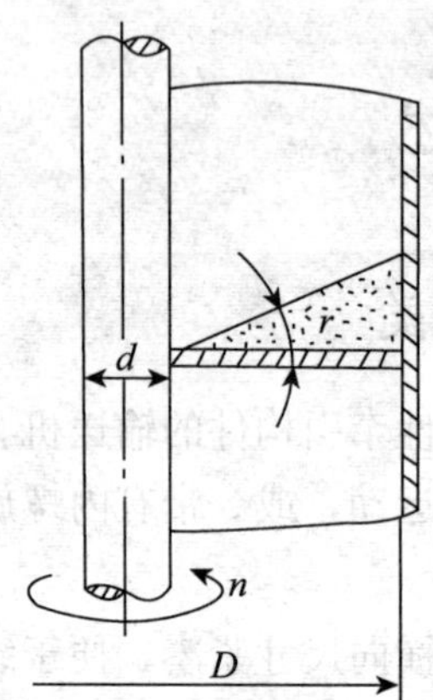

图 6-1　物料在螺旋叶片上的堆积形状

这种输送机由于需要螺旋轴高速旋转，因而能耗大，对制造的要求很高；输送高度较小，输送能力也不大，故较少采用。

3. 可弯曲螺旋输送机的特点

可弯曲螺旋有右旋（R形）拉曳型（见图 6-2）和左旋（L形）挤压型两种。由于各自所配高强度软轴的卷绕方向不一样，因此在使用时不能反向旋转。

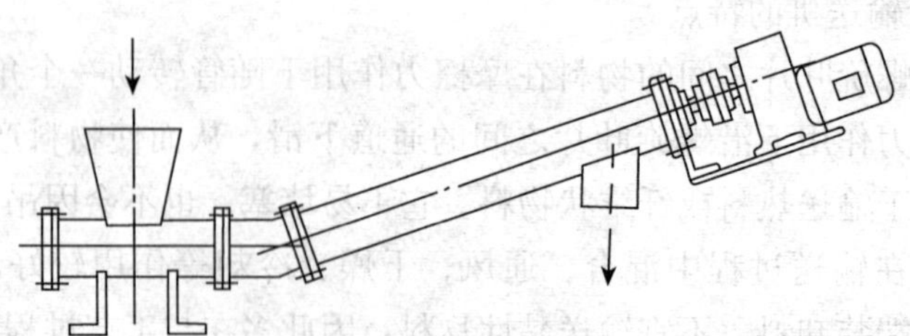

图 6-2　R形布置的可弯曲螺旋输送机

由于螺旋是由挠性软轴和橡胶共同制成的，使用时还具有以下特点：

①螺旋可弯曲的曲率半径最小达800毫米。

②工作时经常是一边旋转一边与机槽的底部接触，从而不需要加设中间轴承。

③耐腐蚀性，噪声小。

④螺旋在机槽内的工作位置可以随所输送物料加入量的多少自动调整，保证输送机正常工作。对“U”形断面的机槽，当加入的物料量过多时，螺旋会自动浮起来工作（见图6-3（a））；当堆积的物料被输送走后，螺旋就又恢复到原来的工作状态（见图6-3（b）），从而避免输送机承受过大的载荷。

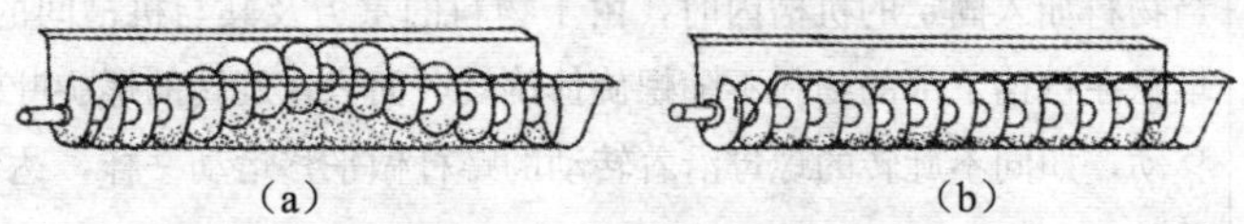

图6-3 螺旋自动调整

⑤具有物料强制装入机槽并提升的能力。当布置成“L”形时，在水平段加料，螺旋就会产生把物料强制挤入的力，并在垂直段实现物料的提升，见图6-4。

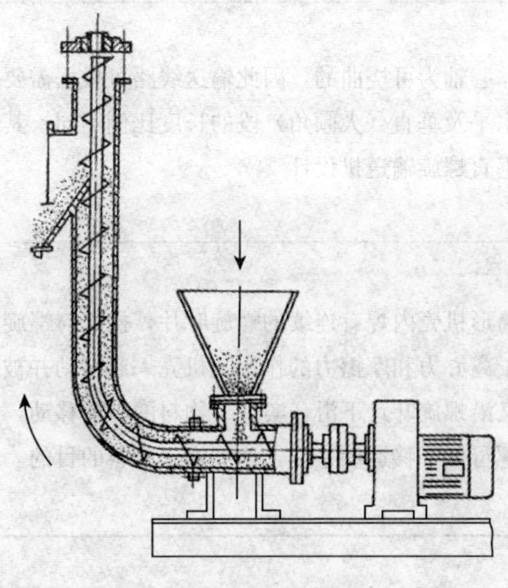

图6-4 强制装料并提升

可弯曲螺旋输送机的螺旋轴为高强度挠性软轴，在其上用特制的、具有一定硬度和耐磨性及腐蚀性的合成橡胶硫化成形而形成螺旋叶片。

4. 各类螺旋输送机的异同

螺旋输送机的主要异同点见表 6－1、表 6－2。

表 6－1　不同形式螺旋输送机的工作原理

形　式	工作原理
普通螺旋输送机（水平螺旋输送机）	当物料加入固定的机槽内时，由于物料的重力及其与机槽间的摩擦力作用，堆积在机槽下部的物料不随螺旋体旋转，而只在旋转的螺旋叶片推动下向前移动，如同不旋转的螺母沿着转动的螺杆做平移运动一样，达到输送物料的目的
垂直螺旋输送机	垂直螺旋输送机的螺旋体的转速比普通螺旋输送机的要高，加入的物料在离心力的作用下，与机壳间产生了摩擦力，该摩擦力阻止物料随螺旋叶片一起旋转并克服了物料下降的重力，从而实现了物料的垂直输送
可弯曲螺旋输送机	其螺旋体心轴为可挠曲的，因此输送线路可根据需要按空间曲线布置。根据线路中水平及垂直（大倾角）段的长度比例不同，其工作原理按普通螺旋输送机或垂直螺旋输送机设计
螺旋管输送机（滚筒输送机）	在其圆筒形机壳内焊有连续的螺旋叶片，机壳与螺旋叶片一起转动。加入的物料由于离心力和摩擦力的作用随机壳一起转动并被提升，后在物料的重力作用下又沿螺旋叶片下滑，实现了物料的向前移动，如同不旋转的螺杆沿着转动的螺母做平移运动一样，达到输送物料的目的

表 6-2　　　　　不同形式螺旋输送机的主要特点

<table>
<tr><th>形　式</th><th colspan="2">主要特点</th></tr>
<tr><td>普通螺旋输送机（水平螺旋输送机）</td><td rowspan="4">结构简单，造价便宜；维修容易，工作可靠，操作安全、方便；横断面尺寸小，布置紧凑、灵活；密闭输送；对环境污染小，改善劳动条件。缺点是机件磨损较严重，输送能力较低</td><td>便于多点装料与卸料，输送过程中可同时完成混合、搅拌或冷却功能；对超载敏感，易堵塞；能耗大；对物料有破碎损耗</td></tr>
<tr><td>垂直螺旋输送机</td><td>输送量小，输送高度小，转速较高，能耗大</td></tr>
<tr><td>可弯曲螺旋输送机</td><td>螺旋体心轴为可挠曲材料，输送线路可根据需要按空间曲线任意置，避免物料转载；不设中间轴承，阻力小；当机壳内进入过多物料或有硬块物料时，螺旋体会自由浮起，不会产生卡堵现象；噪声小</td></tr>
<tr><td>螺旋管输送机（滚筒输送机）</td><td>能耗低，维修费用低；在端部进料时，能适应不均匀进料要求，可同时完成输送、搅拌、混合等各种工艺要求，物料进入过多时也不会产生卡阻现象；便于多点装料与卸料，可输送温度较高的物料</td></tr>
</table>

6.1.3　螺旋式输送机的应用

螺旋输送机的主要优点是结构简单、紧凑，占地小，无空返，可在任何地方装载和卸载。

螺旋输送机的输送量通常为 20～40 立方米/小时，最大可达 100 立方米/小时，常用的输送长度一般可为 20～40 米，只有少数情况下才达到 50～60 米。生产率一般不超过 100 吨/小时，最大可达 380 吨/小时。对于立式螺旋输送机，其输送高度则一般不超过 15 米。螺旋输送机主要用于粮食、化工、机械制造和交通运输等工业部门，用来运输谷物、面粉、化肥、水泥、煤、砂等。

6.2　螺旋式输送机结构

6.2.1　普通螺旋输送机的基本结构

普通螺旋输送机（见图 6-5）由一个头节、一个尾节和若干个中间节组成，每节长2～3米，以便于制造和运输。料槽为“U”形截面，各节间用螺栓连接。螺旋轴上的叶片有三种面型（见图6－6），根据物料特性按表6－3选用。叶片一般做成右旋螺线，特殊要求时可部分做成左旋，以实现由中间向两端或由两端向中间输送。

表6－3　　普通螺旋输送机经验系数 k_d、k_z、k_l

物料粒度	物料磨琢性	典型物料	推荐 k_d	螺旋面型	k_z	k_l
粉状	无磨琢性及磨琢性小	煤粉	0.35～0.40	实体或叶片面型	0.0415	75
		面粉、石墨、石灰、苏打			0.0490	50
	磨琢性较大	干炉渣、水泥、石膏粉	0.25～0.35		0.0565	35
粒状	无或较小磨琢性	谷物、锯木屑、煤泥、食盐	0.25～0.30		0.0490	50
	磨琢性较大	造型土、型砂、炉渣	0.25～0.30		0.0600	30
小块状 $a<60$ 毫米	无或较小磨琢性	煤、石灰	0.20～0.25	实体面型	0.0537	40
	磨琢性较大	卵石、砂岩、炉渣	0.20～0.25	实体或带式面型	0.0645	25
中块状 $a<60$ 毫米	无或较小磨琢性	块煤、块状石灰	0.20～0.25		0.0600	30
	磨琢性较大	干枯土、硫矿石、焦炭	0.12～0.20		0.0795	15
团状	黏性、易结块	糖、淀粉质的团	0.12～0.20	带式或叶片面型	0.0710	20

螺旋输送机根据需要可设置多个进料口和出料口，多个进料口可同时进料，但不能多个卸料口同时卸料。

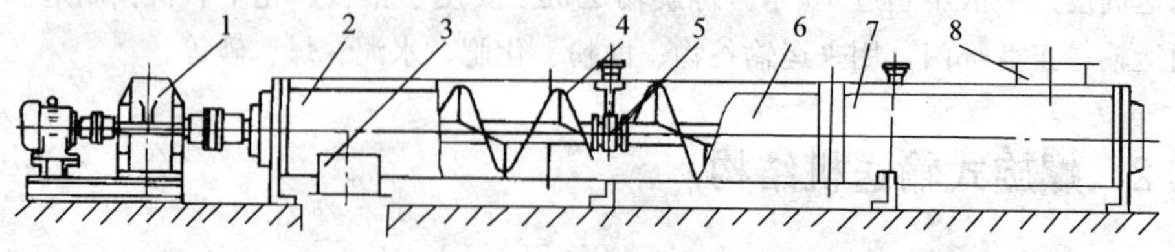

图6－5　普通螺旋输送机简图

1—驱动装置；2—节头；3—出料口；4—螺旋轴；
5—吊轴承；6—中间节；7—尾节；8—进料口

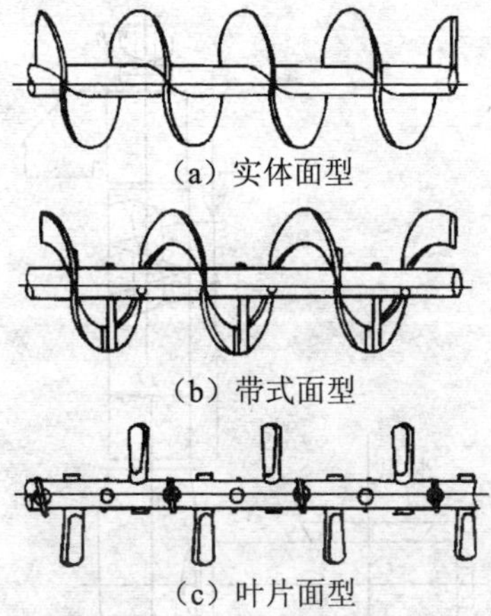

（a）实体面型

（b）带式面型

（c）叶片面型

图 6－6 螺旋叶片面型

6.2.2 螺旋管输送机的基本结构

螺旋管输送机的简图见图 6－7。输送管的内壁上焊有带式螺旋叶片，输送管外每隔 5～8 米装有一个支承圈，它由支撑辊支撑，用齿轮或链条、胶带等传动方式使输送管转动。

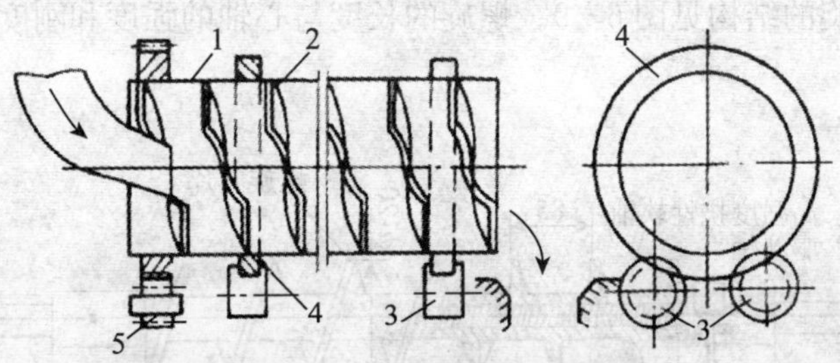

图 6－7 螺旋管输送机简图

1—输送管；2—带式螺旋叶片；3—支撑辊；4—支撑圈；5—齿轮

6.2.3 垂直螺旋输送机的基本结构

垂直螺旋输送机的简图见图 6－8。它由一台短的水平螺旋输送机供料，垂直输送部分包括实体面型的螺旋轴和圆管形的外壳，驱动装置可放在上端或下端。为避免堵料，外壳中一般不安放中间轴承，这就限制了它的提升高度。

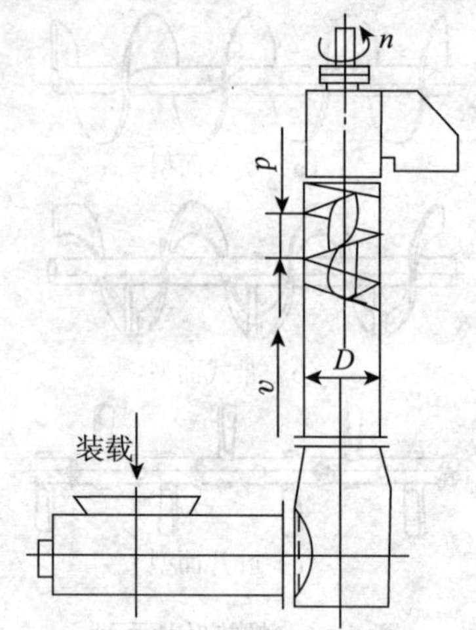

图 6-8 垂直螺旋输送机简图

6.2.4 可弯曲螺旋输送机的基本结构

可弯曲螺旋输送机的螺旋轴为高强度挠性软轴，在其上用特制的、具有一定硬度和耐磨性及腐蚀性的合成橡胶硫化成形而形成螺旋叶片。螺旋的一端为驱动轴，通过联轴器与驱动装置相连从而传递动力；另一端用来安装末端轴承及其支座。可弯曲螺旋的结构见图 6-9。螺旋的长度与心轴的强度和刚度有关，一般不超过 15 米。

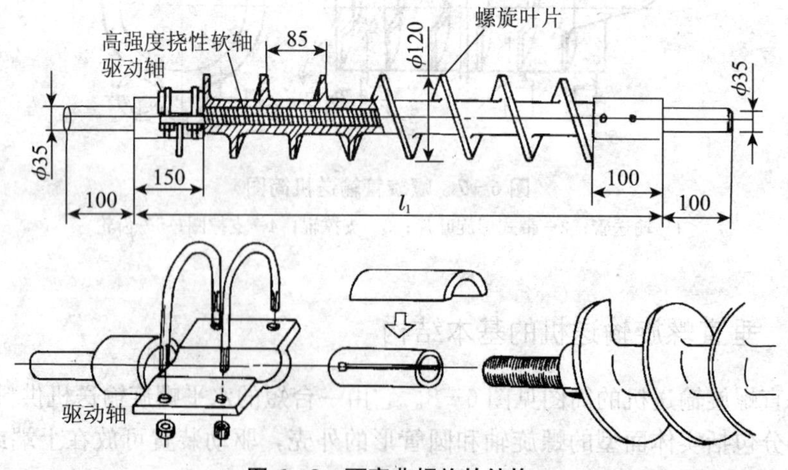

图 6-9 可弯曲螺旋的结构

6.3 螺旋式输送机主要性能及选用

6.3.1 螺旋式输送机的主要性能参数

1. 普通螺旋输送机的主要技术参数

(1) 螺旋面型

输送干燥的、黏度小的粉状或粒状物料，宜采用实体面型螺旋；输送块状或黏度中等的物料，宜采用带式面型螺旋；输送黏度较大的物料或需在输送中完成搅拌、混合等工艺时，宜采用叶片面型螺旋。

(2) 螺旋直径 D

实体或带式面型螺旋直径 D 由下式计算

$$D \geqslant k_z \sqrt[2.5]{\frac{Q}{k_d k_\beta \rho_0}} \tag{6-1}$$

式中：k_z——物料综合特性系数（按表 6-3 选取）；

Q——输送能力（吨/小时）；

k_d——填充系数（按表 6-3 选取）；

k_β——倾角系数（按表 6-4 选取）；

ρ_0——输送物料的堆积密度（吨/立方米）。

表 6-4　倾角系数 k_β

输送倾角（度）	0	小于 5	小于 10	小于 15	小于 20
k_β	1.00	0.90	0.80	0.70	0.65

按式（6-1）计算得出的 D 值应圆整为下列的标准螺旋直径：150 毫米、200 毫米、250 毫米、300 毫米、400 毫米、500 毫米、600 毫米、700 毫米、800 毫米。

螺旋直径 D 与物料粒度 a 之间还应保证下式成立：

对于分选物料，$D>4a$；

对于未分选物料，$D>8a$。

(3) 螺旋节距 p

实体面型螺旋：$p=0.80D$；

带式面型螺旋：$p=D$；

叶片面型螺旋：$p=1.2D$。

（4）螺旋转速 n

为避免出现物料被螺旋叶片抛起而无法输送的现象，螺旋转速 n 应小于极限转速 n_j（转/分）。

$$n_j=\frac{k_l}{\sqrt{D}} \tag{6-2}$$

式中：k_l——物料特性系数（按表 6－3 选取）。

按式（6－2）计算得出 n_j 后，应在下列标准数值之中选一小于 n_j 的值作为螺旋转速 n。

螺旋转速 n（转/分）：20、30、35、45、60、75、90、120、150、190。

在选定了 D 及 n 后，应按式（6－3）校验充填系数 k_d。通过调整 n 或 D，使 k_d 在表 6－3 给定的范围内。

$$k_d=\frac{Q}{47k_\beta D^2 nt\rho_0} \tag{6-3}$$

式中：t——螺距。

驱动功率 P（千瓦）：

$$P\geqslant\frac{Q}{367\eta}(\omega L_h+H) \tag{6-4}$$

式中：η——机械效率；

ω——阻力系数（按表 6－5 选取）；

L_h——输送机水平投影长（米）；

H——出料口与进料口处的高差（米），向上输送时为正值，向下输送时为负值。

表 6－5　阻力系数 ω

物料特性	典型物料	阻力系数 ω
干的，无磨琢性	粮食、谷物、锯木屑、煤粉、面粉	1.2
湿的，无磨琢性	棉子、麦芽、糖块	1.5
磨琢性较小的	苏打、块煤、食盐	2.5
磨琢性大的	卵石、砂、水泥	3.2
强磨琢性或黏性	炉渣、造型土、焦炭、矿砂、砂糖	4.0

2. 螺旋管输送机的主要技术参数

螺旋管输送机的主要结构尺寸及所需功率按下列各式计算：

输送管内径 $D \geqslant \sqrt[2.5]{\frac{Q}{424\rho_0}}$（米）

输送管极限速度 $n_j = \frac{2}{\sqrt{D}}$（转/分）

螺旋叶片节距 $P = 0.5D$（米）

螺旋叶片高度 $h \leqslant \frac{D}{3}$（米）

驱动功率 $P \leqslant \frac{Q}{367\eta}(\omega L_n + H)$（千瓦）

式中：ω——阻力系数，取 1.5～3.0。

3. 垂直螺旋输送机的主要技术参数

垂直螺旋输送机的螺旋直径、转速、驱动功率等参数计算过程较烦琐。输送谷物时可采用下列简易公式：

螺旋直径 $D \geqslant \sqrt[2.5]{\frac{Q}{66\rho_0}}$（米）

螺旋轴最低转速 $= \frac{78.3}{\sqrt{D}}$（转/分）

螺旋节距 $P = D$（米）

螺旋轴直径 $0.2D$（米）

驱动功率 $P \geqslant \frac{QH\omega}{376\eta}$（千瓦）

式中：ω——阻力系数，取 5.5～7.5。

4. 可弯曲螺旋输送机的主要技术参数

可弯曲螺旋输送机是一种新型的螺旋输送机。

表 6－6 中的数据是取螺旋直径为 120 毫米，螺距为 85 毫米时，在“L”形布置的实验台（见图 6－10）上，对不同种类的物料进行输送时所测得的数据。

表 6-6　　可弯曲螺旋输送机部分技术参数

输送物料的性质及物料举例	螺旋主轴转速（r/min）	输送量（m^3/h）	驱动功率（kW）	
			螺旋长为 6m	螺旋长为 10m
堆积较小的、有漂浮性的物料，如淀粉、石灰、硼砂等	75 150 200	1.7 3.0 3.5	1.47 1.47 1.47	1.47 1.47 2.21
轻的粉状及堆积面积小的物料，如米粉、面粉、锯末等	100 150 200	3.0 3.5 4.0	1.47 1.47 1.47	1.47 2.21 2.21
重的粉状及颗粒状的物料，如水泥、型砂、铝屑、锌粉等	150 200	3.0 3.5	1.47 1.47	2.21 2.21
5 毫米以下的颗粒状物料，如粗米、麦子、破碎的玉米等	200 200 200	0.8 1.5 2.6	1.47 1.47 3	1.47 2.21 2.21
泥浆状和淤泥状物料，可以搅拌的物料，如灰浆、淤泥等	200 300	2.5 3.5	1.47 1.47	1.47 2.21
含水分 60%～80%的污泥，如废液、泥土等	200 300	2.5 3.0	1.47 1.47	1.47 2.21

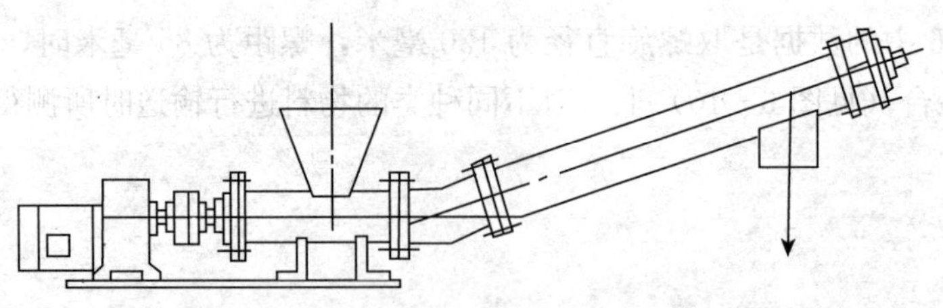

图 6-10　"L"形布置的可弯曲螺旋输送机

6.3.2 螺旋式输送机选用

螺旋输送机选用注意事项如下：

①在头节的螺旋轴上装有推力轴承，以承受推移物料而产生的轴向力；而在尾节的螺旋轴上应装能作轴向浮动的圆柱滚子轴承，以便补偿制造误差和螺旋轴的热变形。

②尽可能将进料口装在尾节，将出料口装在头节，使螺旋轴在工作中处于受拉状态，从而减少轴的变形。

③为了防止物料过多时来不及从出料口卸出而侵入头节推力轴承内，可在螺旋轴端部设置一段旋向相反的叶片，起清扫作用。

④吊轴承是本机的重要部件。它的设计应保证必要的物料通过断面不发生堵塞；同时还要保证必要的密封性和易更换性。输送磨琢性小的物料时，可采用滑动轴承以简化结构；输送磨琢性大的物料时，宜用滚动轴承及较完善的密封结构，以延长吊轴承寿命。

⑤螺旋叶片与料槽间的间隙一般为 7～10 毫米，叶片厚度一般为 4～10 毫米。

当需要输送超过常温的物料时应注意：

①在计算功率时，应将 ω 值增至 3 倍，以考虑物料的热量熔化润滑脂而导致缺油的不利因素。

②吊轴承应用带耐热轴瓦的滑动轴承。

③吊轴承的壳体不能固死在料槽上。这种固定应有效地阻止壳体旋转，有效地承担各个方向的径向力，同时还要让壳体能在轴向自由地滑动，以使螺旋轴能自由地随温度的变化而胀缩。

④在尾节的浮动轴承箱内应有足够的浮动距离来收纳螺旋轴受热而产生的伸长量。

⑤料槽在地面上也不能固死，应使料槽不能相对于地面转动、抬高或下降，但应能沿轴向滑动。

⑥应选用与输送物料温度相当的润滑脂及油漆。

6.4 螺旋式输送机使用及维护

6.4.1 螺旋式输送机安装的技术条件

①安装基础至少在输送机正式安装 20 天以前浇灌完成，基础能可靠地支撑输送机并保证不因地基过小而发生设备下沉和装配精度的变化，保证输送机在运行时有足够的稳定性。

②在安装以前，必须清洗那些在运输途中或卸箱时粘上尘垢的机件。

③相邻机壳法兰面应连接平整、密合，即壳内表面接头处错位不超过 2 毫米。

④机壳法兰间允许垫石棉垫调整机壳和螺旋体长度的积累误差。

⑤螺旋体外径与机壳间的间隙符合表 6－7 的规定，最小间隙不得少于表中规定的数值的 60％。

表 6－7　螺旋体外径与机壳的间隙（单位：mm）

公称直径	100	160	250	315	400	500	630	800	1000	1250
间隙	6	10			12.5		15		20	

⑥各中间悬吊轴承应可靠地固定在机壳吊耳上，与相邻螺旋连接后转动均匀，不得有卡阻现象。安装时可在吊轴承底座与机壳吊耳间加调整垫片以保证各吊轴承同轴，安装后螺旋体轴线的同轴度应符合表 5－8 的规定。

表 6－8　螺旋体轴线的同轴度

长度 L（m）	3～15	＞15～30	＞30～50	＞50～70
同轴度（mm）	ϕ3.0	ϕ4.0	ϕ5.0	ϕ6.0

⑦螺旋输送机主轴与减速器的同轴度应符合 GB/T 1184《形状和位置公差未注公差值》的规定。

⑧螺旋输送机的各底座在机壳装妥以后，均应使之着实后再拧紧地脚螺栓。

⑨所有连接轴钉均应拧紧至可靠程度。

⑩进出料口现场安装应使进出料口的法兰支承与输送机的本体轴线平行，与相连接的法兰紧密贴合，不得有间隙。

⑪螺旋输送机装妥以后，应仔细检查各存油处是否有足够润滑油，如果不够则加之，其后可进行无负荷试车，连续4小时以上的无负荷试车以后，应检查输送机装配的正确性。如发现不符合下列条件的，应立即停机，调整后再进行运转，直至处于良好运行状态为止：运转平稳可靠，紧固件无松动现象；运转2小时后，轴承温度不大于40℃；减速器无渗油，无异常噪声，电器设备与联轴器安全可靠；空载运行时功率不应超过额定功率的30％。

6.4.2 螺旋式输送机的保养

1. 日常保养

日常保养俗称日保或班保，由操作人员进行。它的主要内容是班前外观目检，加油润滑，空载运行，精心操作，班后清料。不管情况如何，均应在交接班记录上如实载明备查。

外观目检 班前应对整机外观目测检查：一查各紧固件有无松动；二查连接法兰与管体间焊缝有无裂纹；三查管体有无移位、变形异常；四查有无漏粉、渗油现象，简称一查松动、二查裂纹、三查异常、四查渗漏。发现问题立即解决后，设备方可投入正常运行。

加油润滑 班前应对减速箱油位线（油标）观察油位是否正常，油不足应补充到位，班前对设备头部、尾部、中部轴承座各干油润滑点补充润滑脂各5％～10％。

空载运行 按上述检查、保养合格后，开机空载运行3分钟，检查设备运行无异常，确认符合“良好运行”四标准（见说明书）后，设备方可进入负载状态。

精心操作 按章作业，勤观察、细聆听，发现异常立即停机检查。

班后清料 作业完毕，下班停机前、中止加料后，须将内积料输送干净方可关机，以免停机后管壁内残留料板结，造成再作业时超负载启动而损伤机器。

保养周期 每班一次，班前保养，保养时间10分钟。

2. 一级保养

主要是对设备的运转、润滑、密封部位进行清洗校查，更换磨损的零件、密封元件。一组保养段将设备解体成部件，解体顺序按安装顺序（见说明书，此处略）的逆顺序进行。

设备解体前须将相邻两管体中间连接油管（穿越法兰的油管）、各润滑点油管终端接头，以及通向头部的防尘罩的油管（穿越管体的油管）全部拆卸，以免设备解体时损伤油路管件。

一级保养的部位和要求如下：减速箱须将原齿轮减速箱内润滑油全部排出，

更换新油。排出的油经沉淀 48 小时以上，去除沉淀物后回用；摆线针轮减速箱只需补充润滑脂，清洗换脂在二级保养时进行；头部轴承清洗换脂；头部防尘罩更换毛毡吸尘套，清洗防尘罩腔，新吸尘套须用 L－90 工业齿轮油或 ZL－2 锂基润滑脂浸渍透后，方可填入罩腔，并应保持骨架的原有相对位置；中间轴承清洗换脂，更换损坏的滑动轴承及油封；端轴承清洗换脂，更换磨损的油封；法兰密封垫清洗换脂，更换磨损的油封；保养后设备组装、调整程序及要求与新机安装调整方式相同；一级保养由操作人员、保全人员共同进行。

保养周期：累计工作满 720 小时一次，间隔期不得超过 90 天。

保养时间：4 小时。

3. 二级保养

保养应全方位进行。需要说明的是：螺旋输送机因其工作环境、条件的特殊，其二级保养大修同步进行。某种意义上说，该设备的二级保养即为大修。因此，除将设备解体为部件外，还须将部件进一步解体。进行全面的清洗检查、更换或修复已磨损或损坏的零件。

二级保养除按一级保养内容要求进行外，还须完成下列工作：减速箱解体并清洗检查所有零件，更换不合格零件，其中，齿轮、齿轮轴的齿面磨损深度达 0.2 毫米，齿面裂纹、挤拉变形，均应判定为不合格零件而予以更换；轴承（含端部轴承）径向间隙达 0.05 毫米，滚道挤压变形、裂纹，则轴承均应报废；螺旋体实测螺旋体外径与管内壁间隙，单边间隙超过 15 毫米，螺旋体应予以报废，更换新零件；电动机清洗检查轴承并换脂；电器线路全面检查，更换破损、不合格的线路及电器元件；管体清除外壳管体内壁参与板结物料，外壁面在除去斑剥油漆、锈渍后，须上红灰底漆保护，并在整机组装后重喷（刷）面漆；润滑系统检查油泵功能是否齐全，更换不合格元件及压扁、损伤或已阻塞的油管；保养后设备整机组装、调整程序及要求均与新机安装调整相同。

保养周期：累计工作满 2400 小时一次，间隔期不得超过一年。

保养时间：16 小时。

4. 降低螺旋输送机磨损的方法

输送过程中物料粒度对槽面的摩擦造成了料槽表面磨损。可以用超高分子量聚乙烯衬板套装在送料槽内表面上，以减小对料槽内壁的磨损，提高使用寿命。UHMW-PE 塑料板主要性能是耐磨性能好，轻而易装，摩擦系数小，表面光滑不易粘料和耐冲击强度较高等特性，其性能见表 6－9。

表 6-9 **UHMW-PE 塑料性能**

项 目	数 值	采用标准
抗拉屈服强度（MPa）	20	GB/T 1040—1992
抗拉强度（MPa）	35	GB/T 1041—1992
简支梁冲击韧度（kJ/m^2）	148～162	GB/T 1043—1993
吸水率（%）	<0.01	GB/T 1034—1998
热变形温度（℃）	86	GB/T 1634—1979
滑动摩擦系数（UHMW-PE 对煤）	0.10	M-200 试验机 200r/min P=15kg

运行时常出现输送机前后轴承座（包括中部吊挂轴承的座）损坏，特别是后轴承座更易损坏，造成停机影响生产。同时经常更换轴承座（轴承）也增加了维修成本和劳动强度。易坏的原因是输送机螺旋叶片将物料推向前方时，受到物料的反作用力，其反作用力的合力通过螺杆作用在前后轴承座上，特别是后轴承座，易造成轴承壳体开裂并损坏轴承座。另外，如果输送的介质为热物料，螺杆受热伸长也对前后轴承座产生较大的推力。为此，可在输送机前后端加上一个简易的助推装置，减轻了螺杆受热后向两端伸长给前后轴承座的轴向力。其结构见图 6-11。

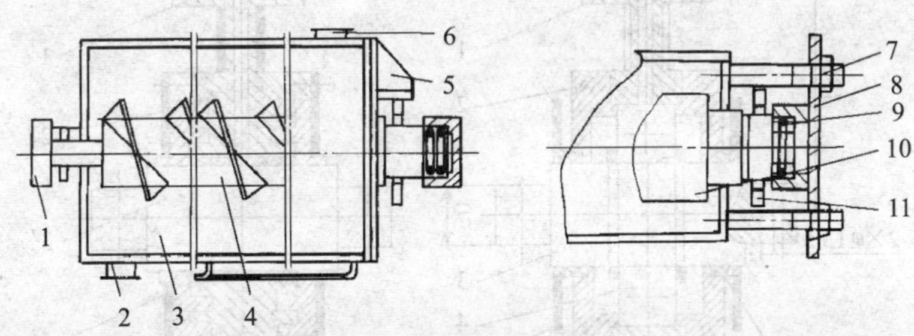

图 6-11 安装助推装置后的螺旋输送机

1—驱动装置；2—下料口；3—壳体；4—输送螺杆；5、11—轴承座；
6—送料口；7—螺杆；8—助推装置轴承座板；
9—推力轴承；10—螺旋杆末端轴径

6.4.3 LS 型螺旋式输送机的常见故障及排除

LS 机型是新一代螺旋输送机的机型，20 世纪 90 年代随着水泥工业蓬勃发展，先后有近万台非专业机械工厂生产 LS 型螺旋输送机为水泥行业生产服务。

由于非专业机械工厂生产设施不完善，在生产、技术、标准及验收细则等方面未能形成行业规范，使用效果不够理想，产品使用寿命短。例如简化防锈工序使设备提前生锈、锈蚀；简化热处理工序使运动件不耐磨需要提前更换；主要机件机械加工精度低、配套协作件不规范，造成整机使用故障多。

1. 螺旋输送机端头卸料段堵塞

长距离输送物料的螺旋轴，制造厂未设计有反向螺旋叶片，当运输过量物料时，物料逐步挤压面积料，造成螺旋轴挤死不转，或卸料口积料。这种情况新机工作不易发现，当机组工作数月，余料挤压多了就暴露出故障。

2. 机壳两端法兰连接处密封性差

端面轴承支座原是铸铁材料，接触端面经机械加工，支座平整、刚性好；现普遍采用钢板焊接制造，端面接触面部进行机械加工，直接与机壳法兰连接，靠软质垫料入支座和法兰间维持密封，由于钢板薄、刚度差、钢板端面未加工，长期输送物料不能维持密封效果。

3. 悬挂吊轴承使用寿命短、故障多

LS 机型有两种结构形式的吊轴承，吊轴承装配结构见图 6－12。

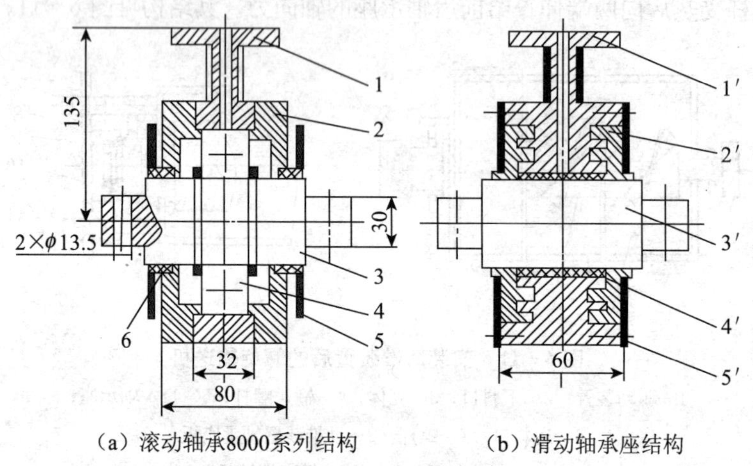

（a）滚动轴承8000系列结构　　（b）滑动轴承座结构

图 6－12　吊轴承装配结构图

1、1′—吊轴承；2—轴承盖；2′—迷宫式轴承盖；3、3′—S 列吊轴承轴；4—推力轴承；4′—轴瓦；5—毛毡压盖；5′—迷宫盖上压盖；6—毛毡填料

①滚动轴承 8000 系列结构，输送物料温度在 80℃以下。

②滑动轴承座结构，输送物料温度在 200℃以下。

图 6-12 两种吊轴承结构形式的共同特点：一是吊轴承体中均设置油路通道，由上方注入润滑油，用润滑剂来维持轴承正常工作；二是图 6-12（a）的吊轴承用简易盖压紧填料来密封，图 6-12（b）是用迷宫式轴承盖来解决吊轴承的密封问题。

由于螺旋输送机输送物料在吊轴承处物料受阻，易形成物料滞留，只要吊轴承体结构中轴与套间存在运动间隙，物料粉尘（因物料运输中损伤和破碎）就会被挤入轴承体内造成密封失效，从而使润滑失效，最后导致轴承损坏。受吊轴承尺寸的限制，在有效的空间中，无法根治机械密封问题。因此应摆脱吊轴承靠供油润滑的设计模式，采用无润滑剂能正常工作的轴与套的材料。用摩擦运动的机理设计的无润滑吊轴承体能最大限度减小吊轴承体的空间尺寸，减小物料运输阻力，减小物料滞留。研究吊轴承的抗磨减磨材料，解决三体磨损的材料匹配问题（吊轴与轴套和两圆柱面间滑行的输送物料的粉尘，组成三体磨损），根据输送物料不同，选择最佳匹配的干摩擦运动副材料。

4. 悬挂吊轴承左右连接法兰的螺栓易断

虽然法兰螺栓是在螺旋轴与吊轴承体中起连接作用的零件，但在使用中经常发生断裂。其原因为：一是螺栓强度低。螺栓应采用高强度螺栓的标准来生产制造，生产厂不能用普通螺栓代用，必须保证螺栓材质的强度与硬度要求。二是连接螺栓承受转矩。法兰上矩形槽宽度的尺寸公差和制造精度要合理控制，不能使槽宽配合间隙过大，使螺栓承受转矩，并控制螺栓直径、法兰盘中孔的尺寸公差、形位公差以及两者配合精度。

5. 螺旋轴法兰与管轴无缝钢管连接处脱焊

在传递中实际上依靠一圈角焊缝来传递动力。制造中必须控制焊条质量和焊接工艺质量，使管轴与法兰能可靠焊合（见图 6-13）。

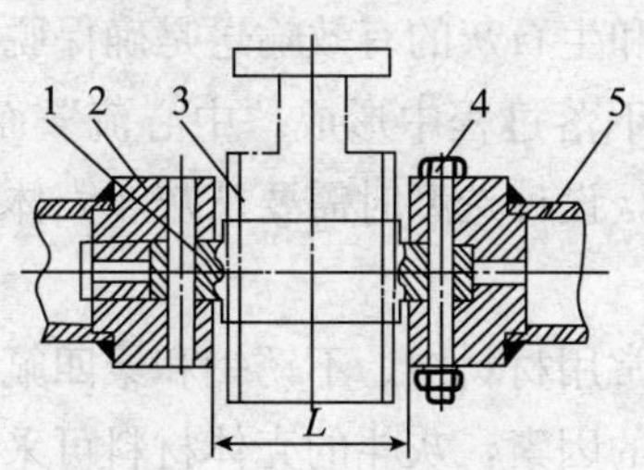

图 6-13 吊轴与螺旋轴连接图

1—吊轴；2—法兰；3—吊轴承体；4—法兰螺栓；5—螺旋轴外的无缝钢管

6. 螺旋叶片磨损快

LS系列螺旋叶片统一采用Q235钢板。用δ=4～10毫米钢板制造实体叶片，但在输送硬磨料时螺旋叶片磨损很快，应采用45钢板制造叶片，经热处理使表面硬化，提高叶片耐磨性。

6.5 螺旋式输送机使用案例分析

NID干法脱硫系统中螺旋输送机的选型和使用

螺旋输送机是一种常用的粉体连续输送机械，其主要工作构件为螺旋，螺旋通过在料槽中做旋转运动将物料沿料槽推送，以达到物料输送的目的。螺旋输送机主要用于输送粉状、颗粒状和小块状物料，具有构造简单、占地小、设备布置和安装简单、不易扬尘等特点。干法脱硫除尘系统需要对粉体物料进行收集、输送等处理，且对系统粉尘排放和现场环境粉尘指标有严格要求，因此螺旋输送机被广泛选用。

NID系统选用螺旋输送机作为生石灰的卸料和输送、脱硫灰的排出和输送的设备。本文结合NID技术特点及在工程中的实际应用，NID脱硫除尘系统的调试和使用上遇到的问题和解决方法，介绍螺旋输送机设计、选型和使用的经验。

1. 生石灰仓底变频螺旋和生石灰输送螺旋

NID干法脱硫系统的脱硫剂为生石灰，要求颗粒粒径≤1毫米。而实际上，一般石灰石块在被烧制成生石灰后，经过两道磨制工艺，就会变成粒径为几十甚至十几微米的生石灰粉末，便于输送和储存。生石灰仓是暂时储存生石灰的设备，容积一般设计为能容纳系统使用3～7天的生石灰量，并尽可能靠近设备本体，减少输送距离。

生石灰仓的均匀卸料和生石灰的有效输送是确保脱硫系统正常运行的重要条件。为避免生石灰在灰仓下落过程中形成“中心流”而导致流动“死区”，造成灰料流动不均匀、不稳定，设计选型时需要从灰斗壳体材料和锥形部分半顶角两方面综合考虑。

研究表明，在壳体的常用材料中，不锈钢和聚四氟乙烯最好，铝合金和碳钢次之。考虑到成本和安装的因素，灰斗的壳体材料可采用普通碳钢；内壁可涂环氧涂料，以防止生石灰粉结壁。

对于灰斗半顶角的设计，采用下式计算：

$$\alpha=\frac{1}{2}\ (180-\phi)\ -\frac{1}{2}\ [\arccos\ (\frac{1-\sin\delta}{2\sin\delta})\ +\arcsin\ (\frac{\sin\phi}{\sin\delta})] \quad (6-5)$$

式中：α——料斗半顶角；

ϕ——壁面摩擦角；

δ——粉体物料的有效内摩擦角。

当壁面材料为碳钢、粉体为生石灰时，$\phi=27.7$，$\delta=45$，则 $\alpha=16.6$。在实际工程设计中，可选 15，确保落灰通畅。

灰斗出口经插板门接变频螺旋逐级变小，最后与生石灰螺旋输送机入口相接。在设计这部分系统中，应注意灰斗开口尺寸要尽可能大。螺旋的叶片，沿着螺旋输灰方向，螺距连续增大，为变螺距型式。这种设计有利于在灰仓出口处，沿螺旋输灰方向的灰物料均能落入螺旋中，可避免产生流动“死区”。

从生石灰仓底部到消化器的距离为一般为 6～20 米，在选生石灰螺旋输送机时，为避免螺旋中过多的吊轴承，影响输送，可以选用多级螺旋，单级螺旋一般不超过 8 米。由于生石灰耗量一般都在 3000 千克/小时以下，因此螺旋直径一般选为 200～300 毫米。

2. 反应器底部螺旋

NID 脱硫反应器为矩形输送床式反应器，反应器压强为 1200～1800 帕，烟气流速一般为 15～18 米/秒。循环灰和粉状脱硫剂在高气速的流化作用下，边输送边反应，完成脱硫过程。化床输送和反应稳定运行的关键是不能出现塌床现象。当锅炉在低负荷运行、反应器内流速过低时，或在系统启动、故障或调试情况下，物料含湿量过大，团聚增重时，都会造成部分粉料塌落。为及时将塌落的物料输送出去，避免反应器弯头处物料堆积，影响系统正常运行，在反应器设计时，底部弯头处应设置螺旋输送机。

由于循环灰易于结块且结块后硬度较大，因此螺旋叶片应设计为断续式叶片（见图 6－14）。这样旋转的螺旋叶片不仅有输送功能，还有对结块物料的切割粉碎功能。如果出现弯头堆积物料，也可以采用人工辅助清理的办法，以延长螺旋叶片的运行寿命。NID 反应器底部螺旋输送机，一般设计输送能力为 8 米/小时，直径 400 毫米，主轴转速 10 转/分。

在北方地区设置脱硫系统，由于气候原因，为了降低螺旋内气体结露腐蚀的风险，反应器螺旋要有 100 毫米厚的保温层，根据需要还可以安装加热器。

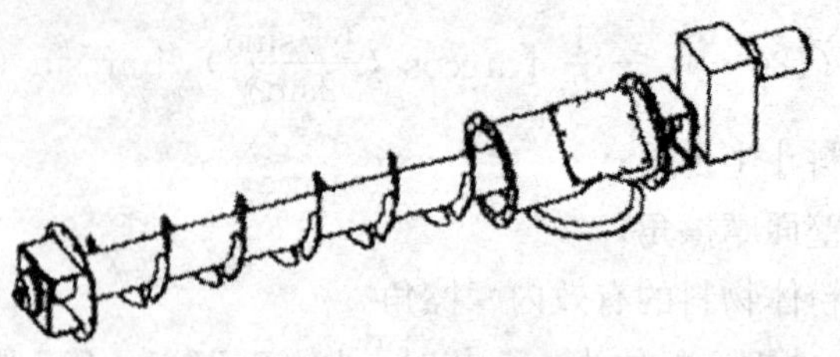

图 6－14　反应器螺旋输送机

3. 除尘器底部输灰螺旋

在配电除尘器的 NID 脱硫系统中，一般电除尘器底部灰斗设计为船形，灰斗底部接 550～600 毫米宽的流化斜槽。流化斜槽的作用是在流化风的作用下，将斜槽内的脱硫灰输送至流化底仓，其倾角一般小于 6 度。但在电除尘器的最后一个电场，若仍采用流化斜槽，则难免有少量的细微粉尘被流化风扬起，从电除尘器的出口喇叭逃逸，造成粉尘排放超标。因此，最后一个电场的灰斗输灰设计大多采用螺旋输送机。

螺旋输送机机身顶部可以设计为敞开形式与船形灰斗相接，或留有不小于 0.16 米的接口与锥形灰斗相接，机身尾端与流化斜槽以法兰连接。在设计选型上，如果仅考虑正常运行工况，选用直径 200 毫米的螺旋输送机即可。但考虑到前几个电场可能会出现故障而导致最后一个电场输灰负荷加大，且小管径螺旋中容易产生粉料堵塞的情况，因此，一般选用的螺旋输送机直径不小于 300 毫米。

在某工程应用中，螺旋输送机最初选用了长度为 7 米、直径为 500 毫米的两头吊轴承型式的螺旋。在调试运行中发现，这种螺旋输送机在输送粉料运行时，很容易造成尾端堵塞拱料，甚至结块。这主要是由于在螺旋尾端吊轴承处的螺旋截面积明显减小，输灰不畅而造成灰料堆积，在螺旋叶片的挤压作用下，粉料逐渐形成灰块。另外，如果锅炉已启动而脱硫系统未投运，由于灰斗和螺旋未采取保温和加热措施，烟气会在某些冷点结露，使形成的灰块硬度加大，在达到一定程度后，会造成螺旋停转，叶片损坏，甚至烧毁电机。

借鉴国外的设计，电除尘器底部螺旋一般选用悬臂轴式螺旋输送机，轴承的长度仅为螺旋长度的一半，且不采用吊轴承（见图 6－15）。

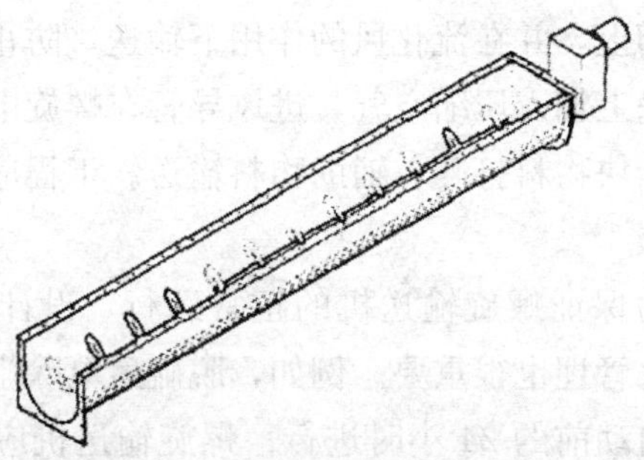

图 6-15 悬臂轴式螺旋输送机

其设计理念为：避免吊轴承的出现，防止堵灰。但这种设计对螺旋材质、加工和系统设计及运行水平的要求相当高。目前国内的设备分包商往往对这种设计缺乏足够的理解和重视，往往采用低等级钢材，加工粗糙，导致硬度、强度和同心度指标低。若采用这种设计，叶片在运行一段时间后，就会出现偏心、弯曲、折断等故障，因此不建议采取这种设计。

在实际脱硫工程中，对除尘器底部螺旋输送机进行了改进（见图 6-16）。螺旋输送机的吊轴承被延长，伸出接口法兰，悬挂在流化斜槽的灰斗壁上，同时将螺旋叶片也伸出接口法兰并与吊轴承相隔一段距离，且螺旋叶片高于流化斜槽上的流化布，以避免割伤。由于部分螺旋叶片设置在流化斜槽上，输送的粉料就可

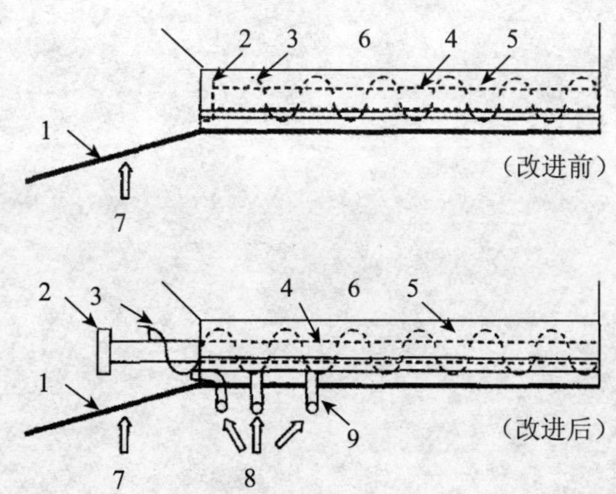

图 6-16 ESP2 底部螺旋改进前后设计示意图

1—斜槽壳体；2—吊轴承；3—轴承叶片；4—轴承；5—螺旋壳体；
6—灰斗；7—硫化空气；8—压缩空气；9—压缩空气管

以被完全推到流化斜槽上，并在流化风的作用下输送，防止了物料的堆积结块。同时，还在螺旋尾端壁上加入压缩空气，进风导管在螺旋电机电流增大时，开启压缩空气，有助于将结块物料打碎，辅助物料输送。工程应用表明，这一改进十分有效。

值得一提的是，为保证螺旋输送机的正常运行，设计选型和技术改进很重要，加强运行的规范化管理也很重要。例如，脱硫后电除尘器底部灰斗和螺旋的保温加热，宜在锅炉启动前的 24 小时进行；螺旋输送机应连续运行且电机电流应定时测量（尤其在工况改变时），以判断设备运行情况等。

4. 结语

在 NID 干法脱硫系统中输送粉体物料时需要选用螺旋输送机。螺旋输送机的设计、选型及使用中应注意以下几点：

①除尘器底部的螺旋输送机应尽可能减少或避免选用吊轴承；

②生石灰仓底的变频螺旋宜采用变螺距设计，且灰斗半顶角设计建议为 15 度；

③在除尘器运行过程中，应保证系统热启动，并注意运行过程的保温；螺旋连续运行时，要定时测量电机电流；在特殊情况下，可加入压缩空气，以辅助物料的输送。

7 气力输送机

气力输送是气固两相流。其流动模型、流变分析、压力损失计算、测试技术等与固液、气液两相流具有一定的共性，在世界先进国家受到重视。我国从1958年就在港口对气力输送技术进行研究试验并应用于卸船，其他各行业也开发了多种形式气力输送装置，在生产上获得了应用，如建立了风送系统的面粉厂、气力输送烟丝、铸造车间型砂气力输送技术也逐渐发展起来。

我国早已成立了中国机械工程学会物料搬运专业分会（现更名为物流工程分会），并设立了管道物料输送技术专业委员会（原为气力输送专业委员会）。在各行业和地方还成立了粮食、铸造行业的气力输送等专业学组，这一切均将促进气力输送技术在我国的应用和进一步发展。

7.1 气力输送机概述

7.1.1 气力输送机的特点

气力输送的输送机理和应用实践均表明它具有一系列的优点：输送效率高，设备构造简单，维护管理方便，易于实现自动化以及有利于环境保护等，特别是用于工厂车间内部输送时，可以将输送过程和生产工艺过程相结合，这样有助于简化工艺过程和设备。为此，可大大地提高劳动生产率和降低成本。

气力输送有如下优点：

①输送管道能灵活地布置，从而使工厂设备工艺配置合理。

②实现散料输送，效率高，降低包装和装卸运输费用。

③系统密闭，粉尘扬出少，环境卫生条件好。

④运动零部件少，维修保养方便，易于实现自动化。

⑤能够避免物料受潮、污损或混入其他杂物，可以保证输送物料的质量。

⑥在输送过程中可以实现多种工艺操作，如混合、粉碎、分级、干燥、冷却、除尘和其他化学反应。

⑦可以进行由数点集中送往一处或由一处分散送往数点的远距离操作。

⑧对于化学性能不稳定的物料，可以采用惰性气体输送。

⑨结构简单，机械故障较少，维修方便。

气力输送机的主要缺点是：

①动力消耗大，如生产率为 200 吨/小时的吸粮机，其鼓风机的电动机功率为 240 千瓦；

②被输送物料有一定的限制，不宜输送潮湿的、黏性的和易碎的物料；

③在输送颗粒大、坚硬的物料时，管道等部件容易破损；

④风机噪声大，必须采用消音措施，否则会造成噪声公害。

当前气力输送机的成产率可达 4000 吨/小时，输送距离达 2000 米，输送高度可达 100 米。气力输送机与其他输送机的特点比较见 10.4，供参考。

7.1.2 气力输送机的分类

物料和空气的混合物能在管路中运动而被输送的必要条件是：在管路两端形成一定的压力差。按压力差的不同，气力输送机可分为吸送式、压送式和混合式三种。

1. 吸送式气力输送机

吸送式气力输送装置用低于大气压力的空气作为输送介质。它是靠气源机械的吸气作用，在管系中形成一定真空度，利用具有必要流速的运动空气，将物料从某地通过管道输送到一定距离的目的地的一种悬浮式气力输送装置。

按真空分为高真空输送装置和低真空输送装置。通常把真空度高于 7.8 千帕的装置称为高真空吸送装置。低于此真空度的称为低真空吸送装置。

按吸送装置结构分为可移动式和固定式两类。其中可移动式装置又分为轨道式和无轨式（轮胎式）两种。港口卸船用的气吸装置还有浮式装置。移动式按装置驱动方式又分为自行式和非自行式（拖带）两种。自行式装置按使用的动力装置类型又分为电动的和内燃机驱动的。

按吸料点数分为单点吸料和多点吸料两种。多点吸料的每个吸料系统通常可由 2～4 点同时进料，它要求各个吸料口的吸料量必须稳定，也可以各点轮流吸料，即部分吸口吸料，其余吸口暂时关闭，交替作业。

按输送量分为大型和小型之分。小型装置的生产率通常为每小时数百千克至数十吨；大型装置的生产率可由每小时 100 吨至每小时数百吨。目前港口吸粮机单管输送系统可达到 650 吨/小时。

按气源动力装置分为电动机驱动和内燃机驱动两类。电动机驱动用得比较广泛，而内燃机驱动多用于小型流动式装置和浮游式装置。

2. 压送式气力输送机

压送式气力输送装置有低压压送式气力输送装置、高压压送式气力输送装置、流态化压送式气力输送装置及脉冲栓流式气力输送装置等各种类型。不论是上述何种类型的装置，其气源设备均设在系统的进料端，由于气源设在系统的前端，物料便不能自由流畅地进入输料管，而必须采用密封的供料装置，为此，这种装置系统的供料部件较吸送式复杂。当被输送的物料被压送到达目的地后，物料在分离器或贮料仓中分离并通过卸料装置卸出，压送的空气则经除尘器净化后排入大气。

压送式气力输送机可实现长距离的输送，生产率较高。它可以由一个供应点向几个卸料点输送，风机的工作条件较好。但要把物料送入高于外界大气压的管道中，供料器结构比较复杂，因为供料器要将物料送入高压管路中，必须防止管路内的高压空气冲出。压送式气力输送机在散装水泥的装卸作业中应用较多。

3. 混合式气力输送机

将吸送式气力输送装置与压力式气力输送装置相结合称之为混合式气力输送装置，例如，物料从吸嘴进入输料管吸送到分离器，经下部的卸料器卸出（它又起着压送部分的供料器作用）并送入压送输料管，从分离器出来的空气经风管进入风机，经压缩后进入输料管将物料压送到卸料地点，物料经卸料器排出，而空气则经除尘净化后经风管消声器排入大气中。

混合式气力输送装置兼有吸送式和压送式装置的特点，可以从数处吸料压送到较远之处，但它的结构较复杂，气源设备的工作条件差，易造成风机叶片和壳体的磨损。

7.1.3 气力输送机的应用范围

由于气力输送机的应用范围和被输送物料的物理性质有着十分密切的关系，故下面分析几种主要的物料特性对气力输送机的应用范围的影响。

1. 物料的粒度

物料的粒度过大，容易阻塞在供料装置中，从而破坏物料自动地供入输料管。所以一般要求粒度不大于 50 毫米，或规定物料的最大粒度不应超过输料管通径的 0.3～0.4 倍。

2. 物料的堆积密度

物料的堆积密度在很大程度上影响气力输送机的结构尺寸和能量消耗的大

小。因为，随着物料堆积密度的增加，必须提高管中气流速度，从而使动力消耗增加和管壁磨损加快。所以，对于堆积密度大的物料采用气力输送并不合适。

3. 物料的湿度

物料的湿度与气力输送机工作的可靠性有着很大的关系。由于过高的湿度将破坏物料的松散性质，并将物料粘附在装置构件的内壁上，从而会使供料不均匀、能量消耗增加和输送能力降低，甚至引起整个系统的堵塞。所以，对各种物料，必须确定其输送不受破坏的极限湿度。

4. 物料的磨琢性

所谓磨琢性，即是运动物料对其他物体的磨损性。磨琢性的大小取决于物体颗粒的硬度、表面特性和形状尺寸，它影响着气力输送机的动力消耗和使用寿命。

5. 物料的温度

被输送物料的可燃粉尘在一定的浓度和温度下，会产生粉尘爆炸，造成严重事故。因此，在气力输送时，物料的温度不得超过其发火点（一般都低于400℃），否则，就应改用惰性气体输送。

目前，港口广泛采用的是，利用管内气流速度为10～30米/秒的高速气流，使物料在悬浮状态下输送到气力输送机。但其能量消耗大，工作构件磨损较快，因此增大物料在空气中的混合比，降低输送气流速度，是克服上述缺点的有效途径。

7.2 气力输送机结构

气力输送装置一般由下列部件组成：供料装置、管道和管件、分离器、除尘器、卸料（卸灰）器及气源机械等，见图7-1。

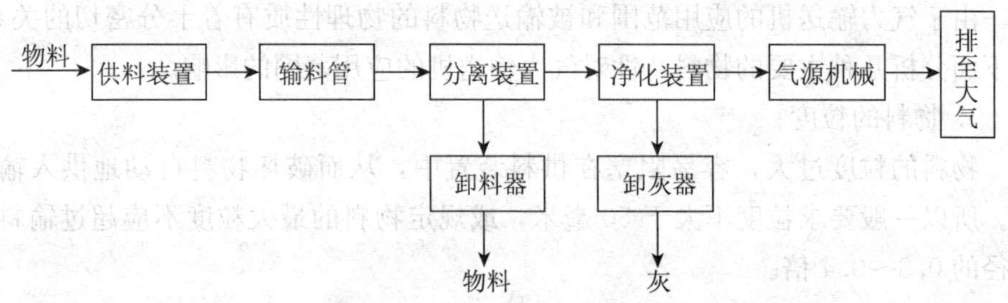

图7-1 气力输送装置结构

7.2.1 管道和管件

管道可分为两大类：输料管和风管。输料管主要用以输送物料，按照输送物料、输送工艺要求及特点，一般由直向输料管（直管、伸缩管）和转向输料管（挠性管、弯管）组成。风管是用以输送纯空气（或其他气体）或输送空气含尘浓度小于10%的气体管道。

7.2.2 物料分离器

分离器是用以将被送物料从气固两相流中分离出来的装置。分离器和除尘器在本质上属于同一类设备。

按作用原理和构造特点，分离器有容积式、离心式、惯性式和组合式等几种。类型的选用通常取决于物料粒度和空气流量。

7.2.3 除尘器

在气力输送系统的物料分离器后常装设专门的除尘设备来清除气流中的灰尘，以减少环境污染和保护气源机械，并可回收一些有经济价值的粉末。

除尘器的种类很多，按其作用原理可分为重力式、惯性式、离心式、袋滤式、静电式、声波式等几种。从除尘方式考虑，又可分为干式和湿式两大类。

7.2.4 卸料（卸灰）器

在气力输送装置中，常利用卸料（卸灰）器来排卸物料和灰尘，并在排卸过程中阻止外界空气进入气力输送系统。目前，卸料（卸灰）器主要有叶轮式和阀门式等数种。

7.2.5 压气机械

压气机械是气力输送系统中的能量来源（或称气源机械），因此，要求压气机械既能供应与气力输送系统相匹配的气体能量，又能保证气力输送系统长期稳定而高效工作。

7.3 气力输送机使用及维护

7.3.1 安装和调试

气力输送装置通常是由多台机械和多种部件组成的输送系统，因此安装量较大，安装工艺也较为复杂，涉及起重、钳工、管道、电气等工种。安装质量的好坏往往决定了整套装置能否正常使用。

1. 气力输送装置的安装要点

吸送式气力输送装置具有气源机械，如离心通风机、罗茨鼓风机、水环式真空泵等。有些装置是将气源机械、除尘器、分离器、吸嘴等组装在移动机构上构成移动式吸送装置。因此，对这种移动式吸送装置实质是一个将各部分（或单机）组装在一起的装配过程。而对固定式的吸送装置的安装过程，为了测定各处的压力损失与漏风情况，在吸送式气力输送装置的安装过程中往往要在吸嘴（或喉管）、弯管、分离器、除尘器等前后及风进出口处加设测量处。对大型吸送装置应在气源机械入口处加装启动闸门。对气源机械要采取减震与防噪措施。

压送式气力输送装置安装时首先必须核对土建资料，包括地坑深度、平台高度、预留孔尺寸等；其次应根据设备使用说明书，并遵照《设备安装工程施工及验收规范》的规定将有关的设备就位，调整水平度与铅垂度后紧固，安装管路时应保证连接处无错位、法兰间的垫片无挤出等现象，压缩空气管路安装前应对内壁进行除锈处理，所有管路连接处均应严密；最后接通控制设备的电源、接通控制线路与控制管路。

2. 气力输送装置的调试要点

吸送式气力输送机安装完毕后，首先应检查各处是否严密，通常可在法兰连接处或设置密封装置的部位探听有无“嘶嘶”的吸气声，或用轻纱布条之类探查是否有被吸引的趋势。在严重漏气时，用手触摸也能感知。在必要时可通过各测量孔用仪器来准确测定各处的风量，便可定量地知道漏气程度。一旦发现漏气便应寻找原因及时处理，否则会影响吸送的生产率。当确认漏气已在允许程度之内后，方可加料试送，同时记录生产率、风量、风压（即真空度）、电动机功率。调试过程中应该检验控制系统的可靠程度。

压送式气力输送机安装完毕后应将压气机械按使用说明的要求调节好排气量与排气压力；调整好贮气罐上安全阀的工作压力；对发送罐上的插板阀、钟罩阀、蝶阀、球阀等动作的灵活性及密封的可靠性进行调整；对各补气设施、增压设施的动作顺序与开启灵敏程度进行调节；对各种卸料器、岔道的动作及工作位置进行调整；如设有除尘器，则应对除尘器进行调整。通过上述调整与调节，使得整套装置供气充足、压力稳定、动作准确、协调而灵敏，然后方可加料输送。最后，在实际输送中，即在有负荷的情况下调整好输送压力、输送速度等参数，达到平稳可靠输送的目的。

压力式气力输送装置的调节也包括着对贮料仓严密程度的考核，一旦发现有漏气处应立即修理。在某些情况下还包括对防爆装置、防静电装置及料仓料位计的调试以确保安全运行。

7.3.2 操作要点

由于气力输送装置种类繁多，原理各异，其操作要求各不相同，需参见各制造厂家的使用说明。以下仅就共性的部分作简单介绍。

1. 压送式气力输送装置的操作要点

压气机械的起停、运转监督、润滑等操作均按制造厂的使用说明书进行。对压送式气力输送装置本身的操作要点大致如下：

①必须放净气水分离器内和贮气罐内积存的油与水，此点在输送对水分敏感性较大的物料时应特别注意。

②确认气源压力在规定值以上，并且供气充足。

③在正式加料输送之前，最好能空送一次以便确认各控制部分是否正常。

④准确选定卸料点。当输送不同的物料时为防止混料应特别注意，千万不能选错卸料点。

⑤根据选定的卸料点，决定应开启的增压器的数目（当有自动开启装置时例外）。

⑥在确认自动控制系统完全正常的前提下，仍应确认手动控制的可靠性，以便自动控制失灵时仍可用手动控制排除故障。

⑦完成上述操作后，方可加料输送。

⑧在间歇式输送时，要始终注意观察输送过程中发送罐内压力的变化，以便在输送结束时停止供气（在自动控制时会自动停止供气）；在连续输送时也应经常观察气源压力及输送压力的变化，一旦出现异常便应及时采取措施，防止发生故障。

⑨在结束输送后，要及时清理发送罐内壁，防止物料的粘附，必要时应根据需要喷吹相应的清洗剂或润滑剂。

⑩最后应将加料闸门置于关闭状态以防下班后意外地落入异物。

2. 吸送式气力输送装置的操作要点

吸送式气力输送装置以吸粮机、真空吸送、负压式容器输送为代表，操作上有如下要点值得注意：

①气源机械一定要在空载下启动，以防烧坏电动机。

②对各卸料器的运转灵活情况及密封性能进行检查。

③给料设备（如圆盘给料机、振动给料机等）的给料量应准确。

④首先启动除尘器的反吹装置和粉尘排除装置，然后启动吹送用风机或真空泵，带风机运转正常，风量达到规定数值后再启动给料设备，以开始输送。

⑤正常输送后应定时巡视输送管道及各有关部件，及时发现磨损漏气处。

⑥对各运转部件应及时润滑。

⑦一旦发现输送生产率下降或风机声响异常则应及时停止给料，查明原因，彻底排除产生上述异常的因素后方可重新加料。

⑧应及时调整吸嘴埋入料层的深度，严格防止暴露料层之外造成空气的“短路”。当多吸嘴同时工作时应防止个别吸嘴暴露在料层之外。

⑨如采用自动控制系统，则应确认“自动”与“手动”的可靠性。

⑩吸送装置的停车应按启动的反程序，即应先停给料设备，再停气源机械，最后停止除尘器的反吹清灰机构。在某些情况下，除尘器的反吹清灰机构停止运转后，才启动除尘器下的粉尘排除装置。

7.3.3 故障及其对策

气力输送是在密闭的管道中以气体为载体来输送物料或小件物品。由于物料要相对于管道产生运动，因此对管道产生磨损是无法避免的。而在某些特定的情况下还会产生物料运动不畅的现象，即可能产生堵塞。随着物料性能、管道状况、气源机械运行情况以及操作乃至天气的变化均可能产生物料堵塞，尤其是在密闭状况下工作，上述情况的变化往往不易察觉，难以提前采取防堵措施，从而使得堵塞往往突然出现，措手不及，对生产影响很大。

1. 堵塞

(1) 堵塞的原因

对于一套设计参数合理、制造安装精确且操作无误的气力输送系统，在某些特定的偶然情况下，也会产生输料管的堵塞，出现这种情况的原因可能有以下几种情况：

物料的性能发生了变化，偏离原设计的预定数值太大；管道状况的变化；气源机械运行状况的变化；设备选型不合理；输送了不适宜用气力输送装置的物料；输送动力不足；输料管布置得不合理；操作不当。

(2) 防止堵塞的方法

在设计气力输送装置时，必须根据所输送的物料性能、生产率、输送距离等实际情况，合理地选择气力输送装置的类型及各部件的结构，并且根据上述情况合理确定本装置的各项工艺参数。

在布置输料管时，要充分考虑气力输送的特点，尽量减少弯管的数量。

在输送管道的适当位置设置增压器是防止堵塞的重要措施。

供气系统设计要合理，保证气源充足。

防止输料管、发送罐粘砂。

为防止吸送式气力输送装置的输料管堵塞，可在易堵部分预先设置进风口，引进额外空气以推动此处刚刚停滞下来的物料继续随输送气流一起移动。

(3) 排除堵塞的方法

管道一旦发生堵塞，首先要确定堵塞的部位，是全线还是局部堵塞，通常用小锤敲打管道，通过声响就能检查出堵塞的位置，而后视堵塞情况采取有效措施、排除故障。

如果局部轻微堵塞，可将发送罐的压力升高，使整个系统处在高压状态下，而后用铁锤敲打堵塞部分，使其中的物料松散，便可排除，不须拆开管道。

如果堵塞严重，可将发送罐处于高压状态下，再从预先装在管道上的进气管中通入高压空气。

如果堵塞更为严重，则必须将管道在堵塞处拆开，将堵塞的物料用钩爪或一根 3～5 米长的螺旋软管挖出来。

一旦堵塞，最根本的是应找出导致堵塞的原因，以采用相应措施，避免再次产生堵塞。

2. 磨损

在气力输送装置中，物料（或物件）要相对于输料管产生移动，因此，输料管的磨损几乎是无法完全防止的。实际生产中往往是采取各种措施找出减轻磨损的最佳输送方式。

7.3.4 保养和维护

气力输送装置能否顺利地应用于生产，除设计、制造、安装及操作各方面都必须十分认真外，日常的保养与维护也是非常重要的。

1. 气源机械的维护要点

在压送式气力输送系统中，气源机械主要指空气压缩机和罗茨鼓风机。由于是用排气进行疏松，故对压气机械本身不会产生特殊的维修保养问题。可根据各制造厂的产品说明书，按照对通用机械的要求进行维修与保养即可。

在吸送式气力输送系统中，通常以水环式真空泵和鼓风机为气源机械。由于是用吸气进行输送，一旦吸气中含有灰尘，则会加速风机的磨损，影响风机的性能；也可能有灰尘粘附在风机内部，不仅会使风机性能下降还会产生振动，严重时会影响风机的寿命。为此，应定期清理风机内部，除掉粘附的灰尘，一旦发现风机的叶片已经磨损，则应及时更换，以保证良好的运行状态。

2. 风管的维护要点

风管在吸送式气力输送系统中指除尘器后至风机进风口间以及风机出风口至风帽之间的管道。一般来讲，这两部分管道维修量不大，但必须注意风管连接处的密封情况，经常注意风管本体是否有锈蚀。风帽的损坏会造成雨水灌入，也应及时修补。

在压送式气力输送系统中风管包括了从气体压缩机排出口起直到供料器（或发送罐）的进气口，连同这中间的储气罐、气水分离器、供气系统及相应的配管。

3. 供料器的维护要点

凡是有旋转部分的，如叶轮式供料器、螺旋供料器等，一定要经常检查磨损情况，确保良好的密封性能；又要及时更换轴承、保证良好的润滑，使得旋转灵活轻便。

发送罐的插板密封圈和钟罩密封圈应定期更换，防止因老化而影响密封效果。在用发送罐输送黏性物料时，应注意防止发送罐内壁的粘附。如有粘附，则应及时清理干净。

当采用冷却式供料器输送热物料时，一定要保证冷却水管路畅通，确保冷却效果。

对有些物料，当供料器壁温度太低时会有结露现象，导致物料粘附在供料器内壁上。为防止这种粘附，要对供料器进行保温或加热，最方便的加热方式是采用电热毡附在供料器的外壁上然后再用隔热材料包裹。

4. 输料管的维护要点

输料管包括直管与弯管，维修方面的主要问题是防止堵塞与减轻磨损。

5. 岔道的维护要点

气密性是岔道的关键性能，对此一定要给予充分的注意。

切换应灵活，定位应准确。只有动作灵活、定位准确才能方便地换向。为此，必须对岔道的导轨、导轮、拖动气缸等进行经常性检修、润滑以确保动作灵活可靠。

对于有磨损可能的挠性管、分岔弯管等部分更必须经常检查及时更换。

6. 分离器的维护要点

分离器的功能是将气料分离并将物料收集起来。对离心式分离器来讲，磨损是难免的，而一旦磨漏，则会失去分离物料的功能，造成整个系统的故障，所以必须经常检查及时修补更换易损件，确保密封性能。

7. 卸料器的维护要点

卸料器用于将分离器收集起来的物料卸出，同时起到隔离分离器与大气之间压差的作用，对气力输送装置的正常运行十分重要。

卸料器多数是电动转叶式的，也有时用双板排料阀式。转叶式的维修要点与转叶式供料器相同。双板排料阀式卸料器其维修要点主要在于要保证良好的接口处的密封性及动作的灵活性。

8. 含尘管道的维护要点

注意及时发现含尘管道的磨损，要及时修补与更换。此外，应注意观察含尘管道是否有灰尘停止其中，如有则应及时排除以减少阻力损失。

9. 除尘器的维护要点

在气力输送装置中选用的除尘器多为定型产品，因此，应遵照制造厂的使用说明书进行维护。

10. 电气控制系统的维护要点

在大型的气力输送系统中，电气控制系统的工作状况对整套装置能否正常工作至关重要，因此，必须严格遵守制造厂的维护要点，加强日常的维修工作。

7.4 气力输送机使用案例分析

气力输送技术在港口的应用

气力输送广泛地应用于港口卸船舶上的散装物料，如谷物、粉煤灰、水泥、矿石粉、食盐、化肥等。它可以提高卸货速度，缩短船舶在港的停泊时间。

气力卸料机一般分为负压吸送式、负正压复合式、负压吸—正压送组合式。港口气力卸料机大多采用负压吸送式，具有以下优势：

可以改善劳动条件，提高效率，有利于实现自动化；能自动将散装在船舶里的粉粒状物料全部吸到岸上的料仓；没有物料的散落，舱底物料卸得干净；生产效率高，不受气候条件的影响；物料不会被污染。

气力卸料机目前存在的问题尚需解决：

消耗功率大；输送的物料受到一定的限制，不适用于输送湿的带黏性、吸潮易板的物料；风机的噪声大，会造成噪声污染；输送硬质物料时，弯管等部件易磨损；卸船的船舶装载量为1000～50000吨的船舶，甚至更大；气力卸料机的输送能力为50～400吨/小时；气力卸料机的功率消耗为0.038～0.023kW·h/（t·m）。

集散装水泥气力卸料机系统，适用于江河湖泊卸1000吨左右散装水泥船。该系统由两部分组成：一是从水泥散装船吸送至水泥中间斜塔，采用可延伸旋转气力卸料机；二是从水泥中间斜塔送到水泥库，采用2台喷射泵交换输送。

其结构式吸嘴及输料管安装在吊架上，吸嘴的下垂开关和吊架的俯仰及旋转均在操作室内控制，可实现对不同位置进行吸引，水泥经一级旋风分离器分离后，由排料阀排出，含尘空气经袋式除尘器排至大气。该装置设计输送能力为100吨/小时，输送水平距离约10米，垂直提升高度约22米，采用三叶罗茨风机，驱动功率为150千瓦。从中间斜塔至水泥库的压送系统采用喷射泵，两台交换发送，基本上实现连续输送。主要技术参数：设计输送能力100吨/小时，输送水平距离约为150米，垂直升高约50米（以枯水期水位高设计），喷射泵容积6立方米，气源压力大于或等于0.7兆帕，输送压力0.2～0.36兆帕，输送管径159毫米×7毫米无缝钢管，设计的料气混合浓度比大于或等于50%。

另外，气力卸料机目前多用于散装粮食卸船作业，俗称卸粮机。我国内河中小港口很多，根据码头、水位、船型方面的条件可采用浮动式吸粮机。该机是利用囤船的有力条件，将气力吸粮机放在囤船上，这样，投资费用少，操作方便，水位影响不大。囤船作为一种专用船舶，对水运系统来说有着举足轻重的地位。因它是岸与船舶的中介体，不管货物、人员甚至车辆，都要经过囤船才能装到船（其他码头也可以的）。

该系统的两套独立的吸粮机安设在一个门座上，它具有很完整的工作机构，除具有门架运行和臂架旋转、变幅机构以外，还有吸粮机系统一些特有的性能，包括吸嘴转动机构，垂直输料管和水平输料管的伸缩机构，卸料器和卸灰器的传动机构等。

吸粮机工作时，船舱内的散粮由吸嘴吸入，通过气力输送系统由分离器卸至门架上的带式输送机上，再通过相衔接的输送机系统送入圆筒贮粮仓。吸粮机上的两个悬臂臂架一长一短，以满足宽大的船舱内侧和外侧的卸船需要。清舱时，可更换由软管连接的清舱吸嘴，可将船舱里任何一个角落的散装物料吸走。吸粮机上设有消声器、减振装置和一台小空气压缩机，以供脉冲袋式除尘器使用。由于吸粮机能耗较大，该机 25 吨装卸桥式抓斗卸粮配合工作。

气力输送技术在粮食系统的应用

1995 年我国从国外引进气力输送技术来输送大麦、玉米等，1958 年浙江金华面粉厂建成我国第一套面粉加工过程气力输送系统，随后在全国推广应用。由于气力输送在完成物料输送的同时，对粮食加工工艺十分有益，如提高产量、减少食物霉变生虫、改善车间卫生环境、节约维修费用、保障安全生产等，现在全国大多数面粉厂、碾米厂、杂粮加工厂都采用了气力输送，并且逐步扩大到榨油厂、饲料厂等。在库、厂、站之间的联系，面粉、麸皮、麸糠、油饼等成品和副产品的发放等也逐渐采用了气力输送。

气力输送在粮食行业的应用主要是两个部分：除了前述的港口码头气力吸粮机外，另外就是粮食加工厂内的气力输送。它包括面粉厂、碾米厂、榨油厂、饲料厂、酒厂、面粉装运的散装车及库场站流通环节的气力输送。

粮食行业气力输送形式有负压输送和正压输送两种。在面粉厂的制粉车间，由于被输送物料需要降温冷却、除尘吸湿，因此广泛使用气力输送形式。对于生产专用粉的面粉厂，面粉在配粉过程中的输送及散装发运过程多采用气力压送形式。这主要是考虑到输送的灵活性和长距离、高浓度、小风量的缘故。

制粉车间的负压输送是由多根垂直管道组成。离心式风机作为气源的中央风网，可以同时输送多种物料，每根管子的垂直高度不超过 30 米，料气混合比为 3 左右，风机的风压一般不超过 10 千帕。

配粉车间的正压输送，由三叶罗茨风机连接一根管道的单管输送系统，在同一时间里只能输送一种物料，也可以做到一点进料、多点卸料。正压输送的距离一般在 30～80 米，料气混合比为 10～40，风机的风压为 30～100 千帕。

面粉厂使用气力输送，从小麦进库经过清理、制粉、配粉、成品打包、副产品及成品发运整个过程全在一个封闭的厂房内完成。在整个面粉厂中，气力输送主要用于面粉的散装发生和贮存、配粉过程及清理车间中小麦的输送。

复合式气力压送系统利用同一气源，通过管道和阀的灵活组合达到一机多用。既可用来完成面粉的进仓，又可用来完成面粉的复筛检查和倒仓作业。该系统可以节约设备的投资、减少能耗，也充分发挥了气力输送布置的灵活性和优越性。这种布置具有一定的先进性，技术要求较高，在操作管理上必须配置一套自动控制系统。

气力输送技术在铁路工程中的应用

在当前不断提速的铁路列车，由于路轨坡度大及因气候的变化，如下雪或下雨等，使车辆与路轨的黏着摩擦因数降低，为防止车轮打滑，由司机将机车上贮砂箱的阀门打开向路轨与车轮接触面撒砂以增加摩擦力，保证列车的正常运行。新型内燃机车均设有贮砂箱，一个机头一边 5 个贮砂箱，两边共 10 个。给机车上砂系统一般根据路面的总体布置，设在机务段的准备场，完成机车检修、加油、加水和加砂工作。机车用砂为干硅砂，粒度控制在 6 毫米以下。

机车加砂系统由两部分组成：一是砂准备，包括过筛、烘干除尘；二是采用两级气力输送将砂输送到机务段准备场的 10 个加砂塔内。砂准备一般采用三回程烘砂滚筒、液化床烘砂装置或热气流烘砂系统。气力输送根据产量要求和准备场的具体条件选用负压气力输送系统或正压浓相气力输送系统。

江阴华奥公司于天津铁三院为朔黄铁路肃宁机务段设计制造一套正压机车气力输送加砂系统，该系统由湿砂运输及烘干装置、干砂一级气力输送系统及储存、二级气力输送及机车的加砂装置等组成。湿砂由人工或抓斗加入砂斗，经带式输送机进入三回程烘砂装置，柴油经燃烧室喷入炉膛产生热风，通过热交换使湿砂烘干，烘干后的干砂经一级压送至中间料斗，而后经二级压送输送至机车加砂场，共 10 个砂塔即 10 个卸料点，采用三通分路阀卸料，砂塔上有料位控制计，当砂塔无砂时发生信号，气力输送自动启动送砂，实现 PLC 全自动控制。

当机车进入砂场后，10 个砂塔共 16 个加砂点，分别给机车砂箱加砂，将手动蝶阀打开，干砂经橡胶软管直接落入砂箱，加入量由人工控制。

系统主要技术参数：

①输送能力：大于或等于 3 吨/小时。

②发送罐型号：Y91D－4 涡流式发送罐；容积：0.4 立方米。

③输送距离：一级压送长 12 米，高 6 米；二级压送长 64 米，高 8 米。

④气源：螺杆式空压机排气量：每分钟 6.5 立方米（2 套压送共用）；排气压力：0.75 兆帕；输送压力：0.3～0.4 兆帕；电动机功率：37 千瓦。

⑤卸料点个数：10 个；砂塔个数：10 个，共 16 个加砂软管；砂塔容积：约 1.2 立方米；机车砂箱容积：约 0.1 立方米。

⑥除尘器：处理风量为每小时 2000～3000 立方米（共 2 台）。

8 管道水力输送

管道输送具有效率高、成本低、占地少、无污染、安全可靠、可合理配置、建设周期短、投资小、输送能力强、管理方便、输送不受季节限制、服务周期长等一系列优点。在地形崎岖的山区，其优越性更为突出，已日益受到人们的重视。目前管道水力输送技术已广泛应用于各工业领域，如冶金部门用于输送精矿和尾矿，煤炭部门用于输送煤浆，水力部门用于疏浚河道和水库清淤，环保部门用于输送工业垃圾，轻工部门用于输送纸浆等。

随着现代社会和现代技术的发展，管道运输技术日益成熟，大量的管道运输工程投入运行。目前最常见的多相流动为两相流动，即在流动系统中存在着两相或两组分（液体—液体、液体—气体、液体—固体颗粒、气体—固体颗粒）间相互作用的流动，两相间不仅有动量的传递，还可能有质量、热量的传递并伴随有化学反应。在工业中应用最广泛的两相流动是管道固体两相流。

水力输送是固液两相流，以水为介质在管道中输送粉粒体。作为液相介质，除了水以外，也有用油来输送硫黄、油煤浆（COM）等。

固液两相流与固气两相流最大的区别是水的密度为1000千克/立方米，而空气的密度为1.2千克/立方米，其质量比大于800倍。这样，在管道中颗粒的浮力、浓度、颗粒的流态以及输送所需的功率等均随之变化。

8.1 管道水力输送的分类、特点、应用现状、发展趋向

8.1.1 管道水力输送分类

管道水力输送可分成三类：浆体流、相对流和容器状管流，见表8-1。管道水力输送应用广泛，它可用来输送粉粒状的各种原材料、土砂、飞灰、纸浆、木片浆。

煤、各种矿石、矿渣、废弃物等。作为输送手段，它在工厂、矿山、土木工程和海洋工程等领域占有重要的位置。

表 8-1　　水力输送的分类

浆体流（均匀、旋涡扩散）	当固相物料是极细的颗粒，且管内浓度很小时，颗粒呈现均匀悬浮分布 当固相物料是极细的颗粒，但管内浓度高，质量密度接近 1000 千克/立方米
相对流（沉降、滑移跳动）	固相物料颗粒直径为 1～3 毫米，由于颗粒在管底有沉降和滑动，在这时压损是极小的 固相物料颗粒直径大于 3 毫米，这时管壁摩擦大，压损与颗粒直径无关，而大致与管内流体的浓度成比例地增加
容器状管流（柱栓状）	等间隔地将容器注入管道，用液流的压力来推送

8.1.2　管道水力输送的特点

管道水力输送的优点如下：

①无公害。由于是密闭的管道输送，无粉尘飞扬、噪声和排气。泵站的噪声易通过噪声治理加以克服。

②输送管系配置灵活，可对应建筑物、地形而变，占据空间面积小。

③可大容量输送，不受气候影响，年营运效率高，用较小的输送管径可实现大的输送能力。

④可长距离输送，并可根据距离设多个接力加压泵站。

⑤维护保养方便，易于实现自动化和遥控操作。

管道水力输送存在的缺点如下：

①需用大量的水。为此，在用于靠近湖泊、海岸、河流等区域时对输送有利；或利用矿山的排水兼作矿渣和排土堆输送也是合适的。另外，在工作内利用循环的方式可对水有效地使用，但排水需经常处理。

②对要求输送量有变化的场合，适应性差。

③在输送过程中存在沉淀、堆积和管堵的危险，要考虑输送管的耐磨措施。

④无法输送溶水性、易变质的物料。

8.1.3　管道水力输送应用现状和发展趋势

泥沙的水力输送早就在国内外的港口和河道的疏浚中得到应用。随后，尾矿的输送、矿井的回填、矿浆的水力输送也得到应用和发展。但是，世界上最初从煤炭产地直到用户的长距离浆体管道输送系统的设想和实现，是于1958年投用的美国俄亥俄州的汉娜煤矿到艾丽湖畔电厂的煤浆管道。这条输浆管道经济、安全可靠地运用了五年，到1963年，因采用铁路运输，使全矿区的煤炭外运价格下降45%而将管道改运废料。该煤炭输送管线五年的运用实践，从设计方法考虑直到诸如粒度级配的可调性、黏度的控制、防止粗粒的沉淀、煤浆停滞后的再启动、管道和附件的磨损和耐磨措施等技术问题的研究，均为其后商用浆体管线的实施提供了科学依据和基本的数据，对浆体管道输送技术的发展作出了贡献。1970年11月美国又建成了一条从亚利桑纳州东北部的黑迈蔭露天煤矿到内华达州的姆哈夫火力电厂的煤浆输送管道，年输送量4500千吨，输送管道全长440千米，该管道系统由始端的制浆厂途经四个泵站、管线和终端脱水场组成。1988年威廉姆公司（WTI）购买了该线，对管线系统的运行操作和维护管理进行了许多改造，其中浆体的输送浓度由46.5%提高到49.5%，这样运量由562吨/小时提高到599吨/小时，耗水量则减少了11%。黑迈蔭输煤管线自1970年11月开始商业运行以来，以98%的运行率已输送了79000千吨的煤，1993年的运煤费率是每吨英里0.0176美元，这是煤浆管道最为成功的范例。

煤浆、矿浆管道输送最具吸引力的因素是效率高、运费低、操作简单、易于实现全自动化且对环境产生最低限度的影响。鉴于以上考虑，在20世纪80年代中后期，美国曾积极地推进煤浆管道输送。但这些长距离、大运量煤浆管道线由于体制部门保护等因素的制约，难以实施。

对于欧洲，由于国家的面积均较小，已建成的铁路、公路和水路网络在运输上的竞争非常激烈。对于长距离管道输送方面积累的经验也较少。只是在石油价格出现不稳定、通货膨胀以及在重视环境保护之时，才对煤浆和矿浆输送管道予以规划和重视。

我国煤炭资源丰富、品种齐全、分布广泛，有不少低灰分、高挥发分、易选分的优质动力煤，制备水煤浆有可靠的资源保证。有关部门曾数次派遣考察团赴该项技术先进的国家作全面考察，并结合我国国情探讨管道输煤技术应用和经济可行性。国家出资建立了唐山管道输煤试验中心。已对多种管径的输煤管作煤浆输送试验。总的来说，煤浆管道输送具有建设周期短、占地少、效率高、无公害、运行可靠等一系列的优点。然而由于该项技术的初始投资较大，国家采取认真而慎重的规划和开发方针。

8.2 管道水力输送机理

作为输送介质的流体有牛顿流体和非牛顿流体之分，而管道中的流动状态则有均质流动和非均质流动。在浆体管道输送中大多为非牛顿流体的非均质流动状态。

8.2.1 牛顿流体和非牛顿流体

1. 牛顿流体

黏性流体阻抗运动的机理包括流体的内部剪切。对于许多流体，切应力 τ_{ω} 直接与切应变成比例，可用下式计算

$$\tau_{\omega}=\mu \frac{v}{h}\text{（帕）} \tag{8-1}$$

式中：v——平均流速（米/秒）；

h——两块平行板的间距（米）；

μ——动力黏度（帕·秒）。

对牛顿流体，对达到稳定状态的层流流动，在给定的温度和压力下是常数。

2. 非牛顿流体

当切应力与切应变的关系不与式（8－1）相符时，并且其流形曲线不是通过原点的曲线，这时的流体为非牛顿流体。

8.2.2 水平管道中的流动模式

在水平管道中，随管内的平均流速的变化，颗粒的浓度分布和流体的速度分布也是不同的。

在考虑浆体管道输送时，从防止管道的磨损角度来选用参数，颗粒以悬浮的状态来输送是最理想的，这时，管内的流速就非常高。而从经济节能的角度来看，则要选择在带滑动层的非均质悬液流域的输送速度。

8.2.3 临界速度、堆积界限速度和堆积速度

流动阻力处于最小时的流速称为临界速度，用 V_c 表示。

堆积速度是指将管内的流动逐渐从高速降低时，颗粒群在管底出现一时停顿，这时的平均流速用 V_d 表示。

堆积界限速度是上述流态，颗粒群做一时的停顿，然后再重新开始滑动后又停顿，再滑动，当流速再继续降低时，颗粒群在管底静止开始形成堆积层，这时的平均流速称为堆积界限速度，用 V_1 表示。

随着管道输送浓度的增加 $V_c>V_d>V_1$。在确定输送速度 V_c 是重要的；而考虑管道的防堵塞时 V_1 是不可缺少的。

8.2.4 临界速度与最优输送速度

由于输送流体存在牛顿流体和非牛顿流体两种情况，应分别来确定。

1. 输送流体为牛顿流体的情形

通过流动压损计算公式计算水力梯度，然后就可求得 V_c。

$$V_c=\left\{(n-1)\ C_vK_D\left[\frac{\sqrt{C_D}}{gD\ (S-1)}\right]^{-n}\right\}^{\frac{1}{2n}}\ (米/秒) \quad (8-2)$$

式中：n，K_D——常数，$K_D=100\sim300$，$n=1.5\sim2.0$；

C_v——出口体积浓度（相当于体积流量）（立方米/秒）；

g——重力加速度（米/平方秒）；

D——管道内径（米）；

S——密度（千克/立方米）；

C_D——阻力系数。

2. 输送流体为非牛顿流体的情形

在浆体管道输送时，将大部分的流体均以宾汉塑性体来考虑。这时，V_c 可以通过以下的方程式来求得。

$$\frac{\mathrm{d}i}{\mathrm{d}v_m}=\frac{\mathrm{d}i_f}{\mathrm{d}v_m}\ (1+C_v\times\phi)\ +i_fC_v\frac{\mathrm{d}\phi}{\mathrm{d}v_m}=0 \quad (8-3)$$

对式中的 ϕ，有以下试验值和理论值：

$$\phi试验=\frac{z}{\lambda_f}F_{rm}^{1.25}$$

$$\phi理论=\frac{\alpha}{\lambda_f}\frac{\mu_s}{F_{rm}}\times\frac{1}{\xi}$$

式中：$F_{rm}=\frac{\rho_f}{\rho_s-\rho_f}F_r$，$F_r=\frac{v_m}{\sqrt{gD}}$；

λ_f——非牛顿流体的管摩擦系数；

ρ_s，ρ_f——颗粒和输送液体的密度（千克/立方米）；

μ_s——摩擦系数；

ξ——颗粒的速度比（$\frac{v_s}{v_m}$）；

v_m——颗粒的速度（米/秒）。

8.3 管道水力输送系统的组成及主要部件的构造

不论是土砂的管道水力输送，还是煤浆、矿浆和石灰石浆体管道输送系统，其主要的组成部分包括制浆或输送前准备、输送、脱水和利用等环节。由于矿山，尤其是铁矿山和铜矿山，很少靠近城镇，这些地区又没有现成的运输方式可供利用，因此，这些属于“外延”环节，即把所需的精矿从交通不便的地区运出来。此外，在输送到达目的地后的利用前处理环节等均要在系统规划、设计和实施中一起考虑。

8.3.1 泵送设备

泵送设备是浆体管道输送系统的心脏。泵送设备如果达不到可靠的运行保证率（95%以上），则浆体管道输送优于其他输送方式的许多优点就会丧失殆尽。为了达到高的运行保证率，最常见的方法是在系统中安装备用泵，并力求减少由于泵的磨损和故障造成系统运行的中停现象。

1. 离心泵

一般来说，因为它的压头有限，机壳耐压低和效率低，离心泵限用于短距离的输送管线上，离心泵通常用于矿石、水泥和其他产品的厂内输送上。在长距离的浆体管道输送系统中，离心泵也可用作喂料泵，还可用来压送浆体通过检测管段，以在浆体进入输送管道前供管理人员检测浆体，进行质量控制。

泥浆离心泵机壳的耐压有限，为了易于更换叶轮和机壳的耐磨衬套，机壳设计成剖分的构造。耐磨衬套有橡胶衬套和金属的抗磨衬套、橡胶衬套三种。为减小磨损，叶轮翼尖的速度限制在每分钟 1340 米，它主要用于输送细泥浆，最大粒度小于 8 目。带有金属的耐磨衬套可以经受较高的叶轮翼尖速度，具有较高的压头，通常可用于河道的疏浚工程中。

设计离心泵系统时，设计人员尤其注意系统从输浆转变到输水，或从输水转变到输浆的过渡性的工作状态。这时的动力学问题会对系统的稳定性造成影响。

将数台离心泵串联可以提高输送压力。然而，当系统需配置备用泵组时，就要考虑串联离心泵总的设备购置费。因为，如选用输送压力高的正排量泵时，其备用泵仅需一台。因此，输送压力一般低于 24 兆帕时，离心泵是合用的，且经济上也是合理的。

2. 活塞泵和柱塞泵

活塞泵是正排量泵型，它在浆体管道输送中以可靠性高而著称。油品的钻井泥浆泵送压力 34.3 兆帕高压，工作环境严峻，要求可靠性高。在美国黑煤蓬煤浆输送管线中就使用一种“第三代”的活塞泵，在压力为 7.55 兆帕时流量为每分钟 8 立方米。

柱塞泵也属正排量泵型，它与活塞泵的区别是：活塞泵的活塞被曲轴带动，每一冲程都与缸壁密合接触。如在泵送腐蚀性大的浆体时（铁矿石等），泵的磨损就很快。而改进了的柱塞泵，其柱塞在吸入行程时连续用清水清洗，从而可减少柱塞与缸壁的内磨损。

对活塞泵和柱塞泵，经常受磨损的部件有：阀门、阀座、柱塞或活塞的密封圈、柱塞或缸的衬套等。在对泵构造设计时，应考虑这些部件能迅速被更换。

泵单位时间内的输送量和最大输送压力，是活塞或柱塞的直径和动力端功率数的函数。流量随活塞和柱塞的直径增大而增大，而最大工作压力则随之降低。流量还与动力端曲轴的偏心距有关，因为它决定了冲程长度。最大压力受输液端的设计参数和动力端的功率大小限制。泵的容积效率取决于阀门关闭时的回漏量和阀门与缸体之间的容积。对大多数新换置易磨件后的情况，泵的容积效率可达98%以上，但经使用一段时间后会降低，故一般设计取 95%的容积效率。

当对泵部件的密封材料进行改进和提高研究时，最科学和合理的办法是在实验室进行泵站送浆体样品的试验，以确定泵送各种浆体时的相对磨蚀率。

3. 水力提升装置（HYDROHOIST）

水力提升装置系统技术首创于美国（1951），后来日本根据其自身填海造地对土砂大规模水力输送系统的需求，对该技术进行不断的研究、试验和开发，使该装置系统不断地完善，并在工程中取得成功的应用。

水力提升装置系统分为卧式水力提升装置系统、立式水力提升装置系统。

水力提升装置具有以下特点：

①活塞泵或柱塞泵虽可作为高压输送，但由于使用停止阀，只能输送细颗粒料，而本系统中设置的阀件有较好的粗颗粒通过能力，一般颗粒度在管径的 1/5 以下时可以可靠地输送。此外，由于离心泵只能用于低压，当要作长距离输送时，需要设中间接力端，而该系统无须中间站就可作数十公里的输送。

②从磨蚀方面比较，它较运行活塞泵或柱塞泵要小得多，向供料管送浆的浆体可用一般的低压浆体泵，泵体和阀件等磨蚀就非常小。

③由于该装置使用的高压泵是效率很高的清水泵，它与浆体泵相比输送效率高，总的来看效率高出10%～20%，且当浆体浓度增高时其效率也不会降低。

④可实现高浓度（质量浓度47%～60%，含泥率40%～60%）输送。在使用离心泵时的质量浓度为15%～26%（含泥率10%～20%）。由于浓度的提高，可以降低对多余水量的输送，输送能耗可降低，同时使装备的设备费用下降。

8.3.2 管系和阀件

浆体管系的设计应充分考虑所输送浆体的物理特性、流动状态和泵站设备的类型。当选用的泵站是正排量泵时，就要充分考虑管系的振动并采取相应的减振措施。该管系振动是由泵的进料阀和排料阀的急速启闭产生的压力瞬变引起的。除此以外，这种压力的瞬变还会来自水击现象。通过压力传感器和对信号图像的处理，可以记录到泵在一个工作循环过程中的压力脉动，同样，此方式也可用来研究进、排管上的压力脉动。

管系的设计还涉及系统的经济性问题。管道的材质应根据压力、温度、浆体的磨蚀性和腐蚀性等来选择。带有各种耐磨和耐蚀内衬的铜管较常用的铜管昂贵得多，其中尤以管内流速和浆体的磨蚀性为主要因素。当输送流速为大于1.5米/秒的非均质浆体时，其管道的磨蚀就变得显著。

8.3.3 浆体的前处理设备

浆体制备通常包括颗粒磨损和制浆两个方面，一些化学处理诸如防腐稀释和改性等也包括在制浆的工艺过程中。如果将颗粒磨得过细，对泵送时有利，但到了管道输送的末端就会带来脱水的困难；如果颗粒的粒度过粗，就会造成浆体的非均质性增加，由此，泵送的流速较高，引起较大的磨蚀，增加设备的成本。

在管道输送的前处理制浆设备中，控制浆体的密度和上限粒度这两个可变因素尤为重要。因为浆体的浓度对管路的磨阻和浆体的临界流速有很大的影响，在制备阶段，一般使浆体的浓度较管道输送的设计值较高一些，然后在其下行管道上通过仪表检测再予以稀释处置。对于长距离管道输送，上限粒度的控制尤为重要。因为沉降快的粗颗粒含量多了，就会造成管道的堵塞。作为防堵的措施，可在进入输料管前加设安全筛，以防止粗颗粒进入管道。

破碎和磨细物料的设备，最常用冲击笼式破碎机、棒磨机和球磨机。

制浆工序一般采用如下方式：水和固体在重力喂料斗中混合，水伴随着固体从喂料斗流出。这是湿磨工艺通用的方法。水和粗料直接进入研磨机，研磨机吐出均匀的浆体。粗砂料靠自重通过筛子在液面下散开。在晒面上加水以协助过筛，并冲散团块促使颗粒分散。无论砂料加入多少，斜槽中的液面保持不变。颗粒在槽内以其沉降速度下降。随着斜槽的段面积变小，浆体的浓度增大。

8.3.4 浆体的脱水设备

浆体脱水，是使固体的含水量降到最终用户使用或下一工序所需的程度。表8-2是回收固体颗粒的脱水设备的分类。在多数情况下，采用离心分离器或过滤器。

表8-2　　脱水设备的分类

<table>
<tr><td rowspan="4">连续式</td><td>转筒离心分离机</td><td>圆筒滚筒分离机（立式、卧式）与筛网筒配合</td></tr>
<tr><td>离心过滤机</td><td>圆锥形筛网（螺旋输送机、振动器）
圆筒形筛网（刮料器、输送带）</td></tr>
<tr><td>真空过滤机</td><td>转动的滤带（滤筒）、水平滤带、水平料盘</td></tr>
<tr><td>其他型式</td><td>各种湿法筛分、旋转分离器、专用过滤器、沉淀池</td></tr>
<tr><td rowspan="2">自动分批式</td><td>离心过滤器</td><td rowspan="4"></td></tr>
<tr><td>离心筛滤器</td></tr>
<tr><td rowspan="2">分批式</td><td>压力滤板</td></tr>
<tr><td>沉淀池</td></tr>
</table>

8.4 产煤地到用户的煤浆水力输送案例分析

作为一种新的输送系统，首要的问题是经济上是否合理？技术上是否可靠？现有的煤炭、矿石运输方式，若仅考虑陆地运输，则大致可有铁路运输或汽车运输、长距离带式输送机输送等。如果将海上运输计入，则还将加入储、运、装和卸等环节。图8-1是产煤地到用户的煤浆水力输送总系统。

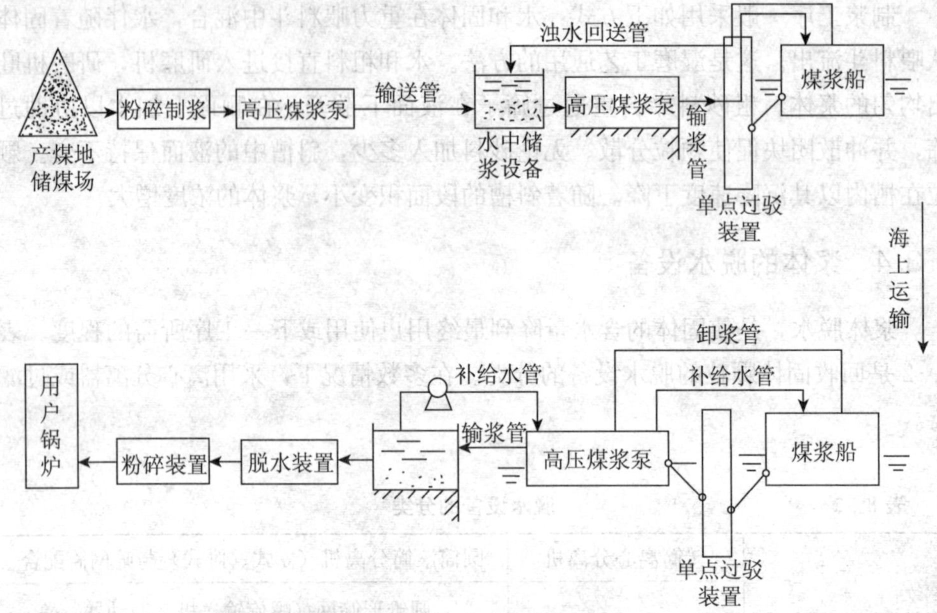

图 8-1 产煤地到用户的煤浆水力输送供应链系统

这种煤浆输送总系统在产煤地储煤场附近将煤通过粉碎、筛分、混合调制或粒度合适的煤浆，通过高压煤浆泵经输料管输送到储浆设施中。然后可经过泵输浆送到专用煤浆船中。在船中尽可能地除去水分。浊水可回送到储浆池或者经过水处理设备供泵使用。煤浆专用船经海上运输后到达目的地经单点过载装置卸浆送电厂使用。此外，也可以卸浆到陆上储浆设施中存放，待需用时通过泵经脱水、粉碎过程后送锅炉使用。

美国通过对已规划的六条管道可行性研究，将管道和铁路的运费相比较。按运量和运距的不同等级，测算了两者在 30 年内的增长率。总的结果是运距超过 400 千米、运量大于 3000 千吨，管道均较铁路有利。日立造船公司也就铁路运输、长距离带式输送机输送方式和煤浆管理运输（仅陆上运输）加以比较。图 8-2是上述比较系统的示意流程。

图 8-3 是上述三种方式的设备费和运送每吨煤炭的成本比较。由图可见，在 50 千米的距离内，铁路与长距离带式输送机输送大致相等，而煤炭管道输送则为它们的 60%。如运距为 300 千米，则带式输送机的成本急剧增加，而煤浆管道输送的增加率小，仅为铁路运输成本的 35%，显然它是经济合理的。

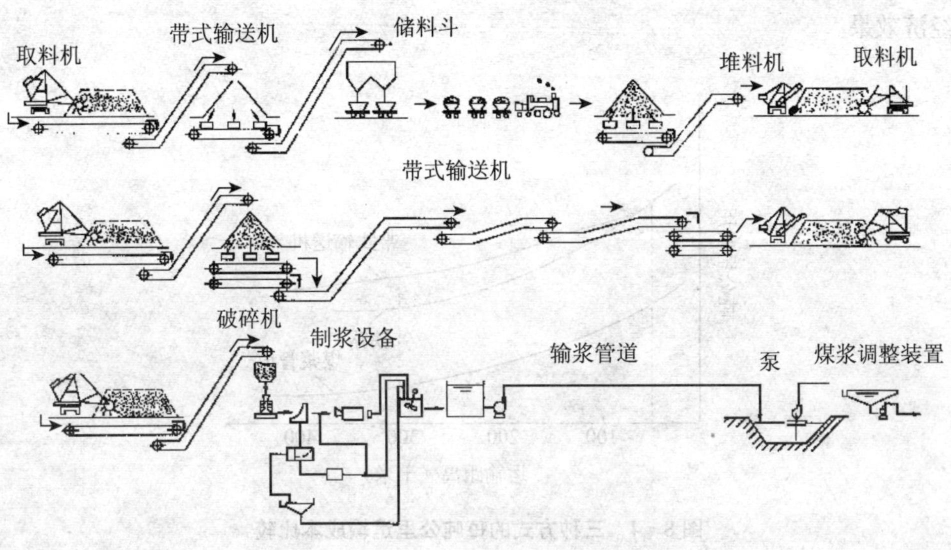

图 8-2 三种比较系统的流程示意图

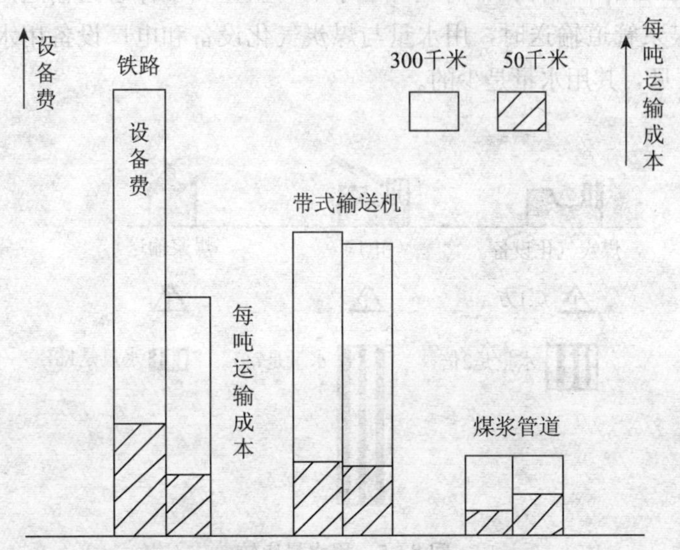

图 8-3 三种方式的设备费和输送每吨煤炭的成本比较

图 8-4 是每吨公里的运输成本比较，如将 50 千米与 300 千米运距相比较：铁路为 55%，带式输送机为 69%，而煤浆管道输送在长距离输送时仅为 35%，这显示了浆体管道输送的优点。如将海上运输也考虑在内，则它更显示出系统的

经济效果。

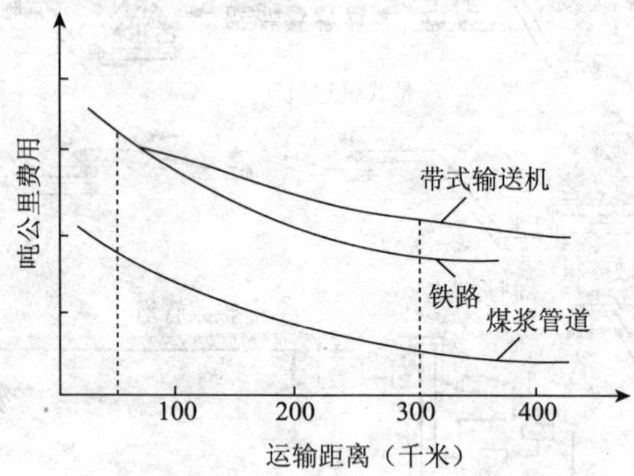

图 8 - 4　三种方式的每吨公里运输成本比较

在对总系统作可行性论证时应考虑水的可获量和浆体管道输送用水的消耗。图 8 - 5 是煤浆管道输送时，用水量与煤炭气化设备和电厂设备用水量的比较。由图 8 - 5 可见，其用水量是少的。

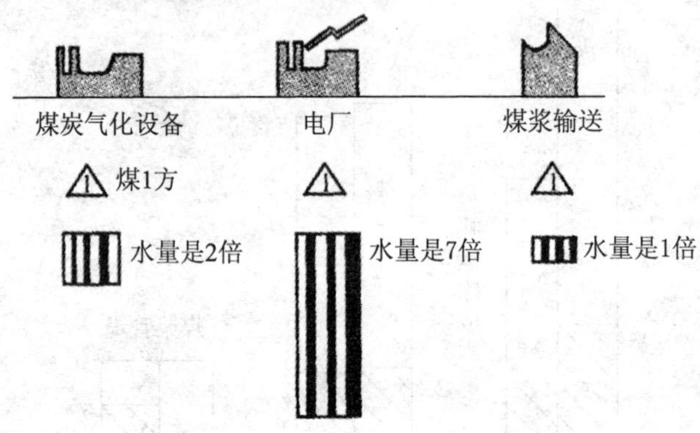

图 8 - 5　用水量比较

9 油气管道输送系统

9.1 油气管道输送概述

管道运输是石油、天然气最主要的运输方式。目前，世界管道总长度已超过了铁路总里程，达到230多万公里，其中输气管道占近60%，原油和成品油管道各占15%有余，化工和其他管道不足10%。管道运输与铁路运输、公路运输、水运运输、航空运输一起构成了我国五大运输行业体系，在国民经济和社会发展中起着十分重要的作用。

9.1.1 管道运输特点

与铁路运输、公路运输、水路运输和航空运输相比，管道运输具有如下特点：

①运输量大，一条₵720管道年输量约2000万吨，₵1220的管道年输量约1亿吨，分别相当于一条铁路及两条双轨铁路的年运输量。

②管道大部分埋于地下，占地少，受地形地物限制小，能够缩短运输距离。

③安全密闭，基本上不受恶劣气候的影响，无噪声，油气损耗小，对环境污染小。

④便于管理，易实现全面自动化，劳动生产率高。

⑤能耗少，运费低，经济性好。

⑥灵活性较差，适于运输单向、定点、量大的石油、天然气类流体货物。

相对管道运输而言，水运最经济，但受地理条件限制；公路运输量小且费用高，只能作为短途运输的辅助手段；铁路运输成本高于管道运输，在管道未建成前，它往往是主要的陆路运输方式，但当运输量增大到一定程度后，铁路运输不仅不经济，而且也将因运力有限导致输送任务无法完成。

9.1.2 油气管道分类

油气管道分类方法很多：按输送介质可分为油气混输管道、原油管道、天然气管道和成品油管道等；按铺设方式分为架空管道、地面管道和地下管道，其中以地下管道应用最为普遍；按制管工艺分为无缝钢管和焊接钢管，其中焊接钢管按焊缝的形式分为直缝焊管和螺旋焊管。

油气管道按输送距离和经营方式可分为两类：一类属于企业内部，如油田内短距离的油气集输管道，炼厂、油库内部的输油管，城市配气管道等，一般距离短、管径小、输量小，不是独立的经营系统；另一类是长距离输送油气及石油产品的管道，买入油田将原油送至较远的炼厂或码头的外输管道，将矿场附近净化厂出来的天然气输送到较远城市门站的输气干线。长距离管道一般管径大、运输距离长、输量大，有各种辅助配套工程，长距离管道式相当于一个独立的企业，有自己完整的组织机构，单独进行经济核算。

9.1.3 管道发展概况

1. 世界油气管道概况

管道运输始于 19 世纪中叶，1865 年美国宾夕法尼亚州建成第一条原油管道，直径 50 毫米、全长 10 千米，管身为丝扣连接的铸铁管。20 世纪初，由于出现了钢管和焊接技术，管道运输有了进一步发展，但真正具有现代化规模的长距离管道建设则始于第二次世界大战。由于战争的需要，美国政府资助建设了一条直径 630 毫米、全长 2240 千米的原油管道，以及一条直径 529 毫米、全长 2360 千米的成品油管道，显示了大型管道在经济效益方面的优越性。战后，随着石油工业的发展，一些长距离输油管道在世界各地相继建成。

石油勘探中早期发现的天然气，由于运输问题往往放空烧掉。1872 年美国第一次使用铁管建成管径为 50.8 毫米、长 8 千米的天然气管道，年输量为 11×10^4 立方米。由于热值高、环境污染小，天然气的使用规模不断扩大，尤其是在发达国家。经过 100 多年的努力，以煤炭为主的燃料结构转变为以天然气为主，天然气管道也随之有了突飞猛进的发展，从 20 世纪 80 年代开始，天然气管道建设占据了主导地位。

与此同时，成品油管道也获得迅速发展。成品油管道采用密封和顺序输送方式，沿途多处收油和发油，故多建成区域性管网系统。

据统计，到目前为止，世界石油及天然气长输管道总长度为 200 多万公里，其中美国、苏联、中东地区、西欧占有管道长度较大。美国干线总长 50 多万公里，其中输油干线 10 多万公里，输气干线 40 多万公里。苏联 20 多万公里，其中输油干线约 10 万公里，输气干线 10 万多公里。

2. 长输管道发展趋势

从世界范围看，长距离油气管道的总体发展趋势是大口径、高压力，采用高强度、韧性及可焊性良好的管材，运行监控高度自动化。同时，对不同的输送介质有相应的发展重点。

在原油管输技术方面，针对现役管道输送量逐年下降、稠油开采量的增加以及原油开采向深海发展的现状，世界各国尤其是盛产含蜡高黏原油的大国，都在大力进行高黏、易凝原油长距离管道常温输送工艺及流动保障技术的试验研究。同时，以提高管道运行安全性、节能降耗为目的的各种新技术、组合工艺的研究已成为研究热点，包括物理场处理（磁处理、振动降黏）、水输（液环、悬浮、乳化）、气输（滑箱、膜袋）、充气降黏（充饱和气增加输量）、混输和顺序输送等多种工艺的研究，有些已进入工业性试验与短距离试输阶段。

天然气管道技术发展方向是大口径、高压力与超高强度管材相组合。对于运行压力为10～15兆帕的陆上高压输气管道，研究成果表明，当管道长度为5000千米、年输量为100×10^8～300×10^8立方米时，采用高压输气比传统方式节省运输成本20%～35%。高压输气可减小管径，通过高钢级管材的开发和应用可减小钢管壁厚，进而减轻钢管的重量，并减少焊接时间，从而降低建设成本，例如，采用管材X100比采用X65和X70节约管道建设成本10%～20%。另外，复合材料增强管道正在开发，即在高钢级管材外部包覆一层玻璃钢或合成树脂，可进一步提高输送压力，降低建设成本，同时可增加输量，提高管道抵抗各种破坏的能力和安全性。高压富气输送是指在输送过程中采用高压使输送气体始终保持在临界点上，保证重组分不呈液态析出。这种输气方式经济效益高，但是由于输送时天然气的热值较高，对管材的要求也很高。因此，深入研究高钢级钢管的断裂控制必须以低成本建设管道为前提。据专家预测，世界上天然气水合物所含天然气的总资源量为1.8×10^{16}～2.1×10^{16}立方米，能源总量相当于全世界目前已知煤炭、石油和天然气总储量的两倍，被认为是21世纪最理想、最具商业开发前景的新能源。天然气水合物储运技术亦成为发展方向。

成品油管道技术发展方向是大流量、多油源、多品种、多分支；采用紊流密闭输送及减阻工艺；采用计算机进行批量跟踪、界面位置和运行状况检测；采用管道优化运行、自动化管理系统，合理安排各批次油品交接时间，在极短的时间内该系统可自动生成调度计划，对管内油品流动过程进行动态图表分析，远程自动控制泵和阀门的启停，实现水击的超前保护。

3. 我国油气管道现状

我国是世界上最早生产天然气的国家之一，也是最早用管道（竹木管）输送流体的国家，但直到解放前，全国没有建设一条真正现代意义的长距离管道。解放后，随着克拉玛依油田的开发和独山子炼油厂的扩建，于1957年建设克拉玛依到独山子的输油管道，全长147千米，管径150毫米，这是我国第一条长距离管道。

半个世纪以来，中国管道工业先后经过三次建设高潮。第一个建设高潮是在20世纪70年代——伴随大庆、辽河和胜利等东部大型油田的开发，中国建成了连接东北、华北和华东地区的东部输油管网。第二个建设高潮是在20世纪八九十年代——伴随新疆、塔里木、吐哈、长庆等西部油气田的开发，中国在西部地区建成了连接油气田和加工企业的长输油气管道和川渝输气管网。进入21世纪以来，随着中国东部和西部地区油气田的进一步开发和国外油气资源的引进，特别是天然气工业的快速发展，中国油气管道建设进入了第三个高潮，随着西气东输、陕京二线等天然气管道、中哈原油管道以及兰成渝等成品油管道的建成与投产，我国已基本实现了“北油南运”、“西油东进”、“西气东输”、“海气登陆”的油气输送格局，形成多个区域性管网系统，标志着我国管道工业的发展速度和技术水平跨入了世界先进行列。

截至2006年年末，全国输油（气）管道里程为48226千米，居世界第六位，其中输油管24136千米，输气管24090千米，管道输油（气）能力为66948万吨/年。其中输油能力为57530万吨/年，输气能力为9418千万立方米/年。

目前，我国油气管输技术发展任务有2008年1月7日国务院审议通过的《天然气、原油、成品油管网布局及“十一五”发展规划》，根据规划，2006—2010年，我国将基本形成覆盖全国的天然气基干管网，到2010年，我们拥有油气管道总里程将超过10万公里；到2015年，我国投产的管道将达27万公里，实现优化配置油气资源、发展现代化能源产业的良好局面。

我国油气管道的发展目标主要包括以下内容：

在易凝高黏含蜡原油管输工艺方面保持世界领先水平；具备保证大型油气管网安全、经济、优化运行能力；新建干线管道实现高水平的设计、施工和运营管理，达到世界先进水平；提高成品油管道输送工艺水平，2015年成品油输送运量比例提高至30%；2015年新建油气管道各项指标达到世界平均水平。

随着油气管道输送技术的发展，今后我国将攻关、推广应用和超前研发43项技术，包括需要重点攻关的技术26项，推广应用的新技术10项和超前研发的储备技术7项。通过这些重点技术项目的实施，逐步形成油气输送技术、油气储存技术、管道工程技术、管道完整性评价及配套技术、油气管道运行管理与信息技术五大管道技术系列，以全面提升管道技术水平。

需要重点攻关的26项技术包括：

①7项油气输送技术：东北管网安全经济运行、进口俄罗斯原油输送工艺及配套、西部油田及进口原油管道输送、原油管道新型化学添加剂的研制与应用、多品种顺序输送工艺及配套、原油流变性研究及LNG技术。

②2项油气储存技术：原油低温储存与储气库建设技术。

③4项管道工程技术：国家石油储备地下库建设工程、15×10^4立方米储罐工程建设、管道水土保护与大口径管道高清晰漏磁内检测装备技术。

④4项管道完整性评价及配套技术：管道完整性评价、油气管道泄漏检测、地质灾害及特殊地段检测与防护、储运设备安全检测及评价技术。

⑤9项油气管道运行管理与信息技术：数字管道、天然气管网安全优化运行、成品油管道优化运行、天然气气质评价、天然气贸易计量、管道快速抢维修、管道节能与环保、油气管网规划研究、天然气经济研究技术。

推广应用的10项新技术为：管道自动焊接和超声波检测等集成、大型河流穿越、仿真、天然气管道内涂层、管道生产信息系统、地理信息系统、管道安全评价与风险管理、站区阴极保护、大口径X70高钢级管线钢管件制造装备及工艺、大口径输气管道干燥技术。

将要进行超前研发的7项储备技术为：富气管道输送、超稠油管道输送、天然气减阻剂研制与应用、X80以上高强度管线钢制管与施工、管道防腐新技术、海洋管道工程与永冻土地带工程施工技术。

我国的能源结构与世界能源结构相比还比较落后。世界能源结构比例是煤炭、石油、天然气、电力各占22%、43%、25%、10%，而我国分别是74%、19%、2%、5%，这种结构造成空气污染严重，热效率低。显然，在今后若干年内，石油天然气工业仍将大力发展，而且要优先发展天然气，由此推断长输管道事业也将随之有更大发展。作为管道科技工作者，需要进一步提高施工水平、改进输送工艺、拓宽输送领域、进一步与国际接轨，并积极参与国际竞争，寻求合作，开拓国际市场，使我国的管道工业跨入世界先进行列。

9.2 原油管道输送系统

9.2.1 原油管道输送工艺

1. 常温输送和加热输送

原油管道输送工艺根据输送过程中油品是否需要加热，分为常温输送和加热输送。

输送低黏低凝点原油或轻质成品油时，只需要对原油加压提供动能即可，沿线不需要对油品加热。油品从首站进入管道，输送一段距离后，管内油温就会等于管道埋深处的低温，故成为常温输送，也称等温输送。这种输送方式无须考虑管内油流与周围介质的热交换，汽油、煤油、柴油等成品油及低凝点、低黏度轻质原油可直接进行常温输送。对于高凝、高黏、高含蜡原油的管道输送，也可采用添加化学添加剂（降凝剂、蜡晶抑制剂等）、热处理、稀释、热裂解和乳化降黏等方式，使其改性后再进行常温输送。

原油的凝点（及后常点）是衡量可否常温输送的依据。因为含蜡量越多，凝点越高，因此也可用与含蜡量有关的指标作为等温输送的依据。在等温输送时管道埋深处土壤的月平均温度应高于原油的凝点。易凝高黏油品当其凝点高于管道周围环境温度，或在环境温度下油流黏度很高、加压后进入管道，通过提高原油输送温度使油品黏度降低，减少管路摩擦阻力损失，或使管内最低油温维持在凝点以上，保证安全输送。原油加热输送管道存在两方面的能量损失，即摩擦阻力损失和热损失，因此需要在沿线设置泵站和热站。

我国生产的原油绝大部分分为高凝点、高黏度和高含蜡原油（俗称“三高”原油），因此，国内原油管道大多是热油管道。

2. 开式输送和密闭输送

原油管道输送根据管道与泵的连接方式可分为开式输送和密闭输送。

开式输送也叫非密闭输送，又分为“从罐到罐”和“旁接油罐”两种输送方式。输油管道建设初期，多采用“从罐到罐”的输油方式。采用这种方式时，油品全部通过各中间站的油罐，蒸发损耗大。后来逐步发展为“旁接油罐”，上站来油可直接进入泵站的输油泵，也可同时进入油罐，油罐通过旁通管路连接在干线上，当本地输油站与上下两站的输量不平衡时，油罐起缓冲作用。其特点在于：各管段输量可以不相等，油罐起调节作用；每个泵站的进站压力都近似等于缓冲罐液位高度，不会发生全线压力波动；各管段单独成为一个水力系统，有利于运行参数的调节和减少站间的相互影响；操作简单，对自动化要求不高，设计和管理容易；旁接油罐会造成轻组分挥发，浪费能源。

密闭输送也叫“从泵到泵”输送，在这种输油工艺中，中间输油站不设供缓冲用的旁接油罐，上站来油全部直接进泵。其特点是：整条管道构成一个统一的密闭的水利系统，可充分利用上站余压，节省能量，还可基本消除中间站的轻质油蒸发损耗；对自动化程度和全线集中监控要求较高；存在水击问题，需要全线的水击监测与保护。

由于往复泵和离心泵在性能和构造上的不同，往复泵只能用于“从罐到罐”或“旁接油罐”的方式，而以后者优先；离心泵机组可用于“旁接油罐”或“从泵到泵”的输油方式，长距离输油管的离心泵站大都采用“从泵到泵”方式。现代的管线均为密闭输送方式，如我国近些年建成的铁大线、东黄复线、库鄯线等。

9.2.2 输油站及其主要设施

1. 输油站

输油站是输油管道的两个组成部分之一。输油站的基本任务是给油流提供能量，安全经济地将油品输送到终点，有的还有接收或分输功能。依据输油站在管道所处位置不同，输油站分为首站、中间站和末站。首站是长距离输油管道的起点，它接收矿场、炼厂或转运站来油，计量后输入干线。由于接收来油与管道输油之间存在不平衡性，一般首站都建有大的油罐区，以及相应的计量、油品化验和油品预处理设施。中间站包括泵站、加热站或热泵站，都是给油流补充能量。其设施比首末站简单，其他的如输入站、分输站或减压站等的设施则更简单。末站是输油管道的终点站。末站的主要任务有两个：一是接收管道的来油，二是给用油企业转运油品或改换运输方式。

2. 输油泵与原动机

输油泵和原动机是泵站的核心设备，直接影响到管道的安全、经济运行，必须做好选型、安装和运行维护。选择泵机组的主要原则如下：

满足工艺要求；工作平稳可靠，能长时间连续运行；易于操作与维护；效率高、价格合理，能充分利用现有能源；满足防爆、防腐蚀或露天设置等使用及安装的特殊要求。

输油管道用泵按用途可分为给油泵与输油泵两种。给油泵是由罐区向输油泵供油，以满足其正压进泵的要求，故给油泵的扬程不高。

串联用离心泵的排量大、扬程低、比转数高、效率较高。这种泵需要正压进泵，这种要求可由密闭输送方式满足，故采用串联泵较多。特别是站间管道高差不大、泵扬程主要用来克服管路沿程摩阻损失。

并联运行的离心泵站，不一定采用同样型号的输油泵。选用两种排量不同的泵进行组合，更能提高调节的灵活性和整个系统运行的经济效果。投产初期，输油量不满，变化又大，这种组合更为有利。

辅助增压泵不一定要和输油主泵放置在同一个泵房内。为了改善吸入条件，可将给油泵设在罐区附近，同时又做倒罐用，也可用管道泵做给油泵，辅助增压和倒罐兼用。

对露天设置的泵机组，应提出相应的要求，如机泵应具有户外的全天候能力、泵停运后有防止原油凝结的措施等。

3. 加热装置

加热输送是目前输送高黏易凝油品普遍使用的方式。按油流是否通过加热炉管，分为直接加热与间接加热两种方式。前者在加热炉中直接加热油流，后者是使热媒通过加热炉提高温度后，进入换热器中加热原油。热媒是一种化学性质较稳定的液体，在很宽的温度范围内不冻结，高温时蒸汽压较低，也不存在结焦的可能，它对金属没有腐蚀性，黏度较小，低温时也可以泵送。

加热炉直接加热油品，设备简单，投资少，应用很普遍。但油品在炉管内直接加热，存在结焦的可能。一旦断流或偏流，容易因炉管过热使原油结焦甚至烧穿炉管而造成事故。

间接加热系统由热媒加热炉、换热器、热媒罐、检测及控制仪表组成。热媒加热炉的原理、结构与直接加热炉相似，只是炉管内加热的是热媒而不是原油。由于热媒在炉管内的温度可高达150℃以上，故热媒的用量小，加热炉体积小。

4. 储油罐

输油首站、分输站、输入站、末站油罐容量取决于管道输量及所需的储备天数。储备天数与来油或转油的方式有关。油罐容量应按下式确定：

$$V=\frac{G}{350\rho\varepsilon}K$$

式中：V——输油首站、分输站、输入站、末站油罐总容量（立方米）；

G——输油首站、分输站、输入站、末站原油年总转运量（千克）；

ρ——储存温度下油品的密度（千克/立方米）；

ε——油罐装量系数，宜取0.9；

K——油品储备天数（天）。

我国“输油管道工程设计规范”中规定，不同类型输油站的原油储备天数按下列原则考虑：

①首站、输入站：油源来自油田、管道时，$K=3\sim5$天；来自铁路卸油站场时，$K=4\sim5$天；来自内河运输时，$K=3\sim4$天；来自近海运输时，$K=5\sim7$天；来自远洋运输，其储备天数按委托设计合同确定，但油罐总容量应大于油轮一次卸油量。

②分输站、末站：通过铁路发送油品给用户时，$K=4\sim5$天；通过内河发送油品给用户时，$K=3\sim4$天；通过近海发送油品给用户时，$K=5\sim7$天；通过远洋油轮发送油品给用户时，储备天数按委托设计合同确定，但油罐总容量应大于油轮一次装油量；末站为向用户供油的管道转输站时，油品储备天数宜为3天。

③中间（热）泵站油罐容量：中间泵站油罐容量视管道流量及输送方式而定。采用旁接油罐输油工艺时，旁接油罐宜按2小时的最大管数量计算；当采用密闭输送工艺时，应设水击泄放罐，其泄放罐容量由瞬态水力分析后确定。

输油站内油罐应选用金属罐，大于或等于10000立方米油罐应选用浮顶罐，较小的油罐可选用拱顶油罐。由于大容量油罐的单位容积钢耗率低、占地面积小，在地质情况允许条件下应尽量采用大容量储罐。为了满足操作需要，油罐数量不宜少于3个。

9.3 天然气管道输送系统

9.3.1 天然气管输基础

1. 天然气长输管道系统的组成

天然气长输管道系统的总流程一般包括输气干管首站、压气站、中间气体分输站、干线截断阀室、中间气体接收站、清管站、末站（或称城市门站）及辅助系统（通信系统和仪表自动化系统）等。

输气干线首站主要是对进入干线的气体质量进行检测控制并计量，同时具有分离、调压和清管球发送功能。

输气管道中间分输（或进气）站功能和首站差不多，主要是给沿线城镇供气

（或接收其他支线与气源来气）。

压气站是为提高输气压力而设的中间接力站，它由动力设备和辅助系统组成。

清管站通常和其他站场合建，清管的目的是定期清除管道中的杂物，如水、机械杂质和铁锈等。清管站除有清管器收发功能外，还设有分离器及排污装置。由于清管作业时间和清管运行速度的限制，两个清管器收发筒之间距离不能太长，一般在100～150千米，因此在没有与其他站合建的可能时，需建立单独的清管站。

输气管道末站通常和城市门站合建，除具有一般站场的分离、调压和计量功能外，还要给各类用户配气。为防止大用户用气的过度波动而影响整个系统的稳定，有时装有限流装置。

为了调峰的需要，输气干线有时也与地下储气库或储配站连接，构成输气管线系统的一部分。与地下储库的连接，通常都需建一座压缩机站，用气低谷时把干线气压入地下构造，高峰时抽取库内气体压入干线，经过地下储存的天然气受地下环境的污染，必须重新进行净化处理后方能进入压缩机。

干线截断阀室是为了及时进行事故抢修、检修而设。根据线路所在地区类别，每隔一定距离设置。

输气管道的通信系统通常又作为自控的传输通道，分有线（架空明线、电缆、光纤）和无线（微波、卫星）两大类，它是输气管道系统进行日常管理、生产调度、事故抢修等必不可少的，也是安全、可靠和平稳输气的保证。

2. 管输天然气气质要求

天然气中往往含有硫化氢、二氧化碳、游离水、凝液以及机械粉尘等成分。为了保证生产和利用的安全，规定了天然气中有害组分的最高允许含量。

我国《天然气》(GB 17820—1999）中规定天然气的技术指标，见10.5。

我国石油天然气行业标准《天然气管道运行规范》（SY/T 5922—2003）中规定了管输天然气气体指标，见10.6。

9.3.2 输气站及主要设备

1. 输气站

输气站是输气管道系统的两个组成部分之一，主要功能包括调压、净化、计量、清管、增压和冷却等。其中调压的目的是保证输入、输出的气体具有所需的压力和流量。根据输气站所处的位置不同，各自的作用也有所差异。

首站一般在气田附近，如果地层气压较高时，首站可暂不投建压缩机。依靠地层压力输到第二站甚至第三站，待气田后期气压降低后再适时投建压缩机。

中间站主要进行气体增压、冷却以及收发清管器。但如果中间站为分输站时，也要考虑分输气的调压、除尘、计量等。

末站是输气站终点，气体通过末站供应给用户。因此，末站具有调压、除尘、计量、清管器接收等功能。此外，为了解决管道输送和用户用气不平衡问题，还设有调峰设置，如地下储气库、储气罐等。

除此之外，各输气站内具有流程切换、自动检测与控制、安全保护、污油储存与阴极保护等功能。

2. 压缩机

压缩机是以内燃机或电动机为动力，将常压气体压缩成高压气体的一种动力装置。在天然气输配系统中，压缩机用来压缩天然气，提高天然气的压力或输送能力，以及在清扫管的时候也常常用压缩机输送压缩气体把管线中的杂质顶替出去，以免堵塞管线。因此常常将压缩机比喻成管道输送的心脏。

压缩机的种类很多，按工作原理大致可以分为容积式压缩机和速度式压缩机两大类。容积式压缩机是通过其工作容积的周期性变化来实现气体的增压和输送的。速度式压缩机分为叶片式压缩机和喷射式压缩机两种，叶片式压缩机是依靠高速旋转的工作叶轮将机械能传给气体介质，并转化为气体的压力能。喷射式压缩机也可归属于速度式，但它没有叶轮，依靠一种流体介质的能量来输送另一种流体介质。

在选择压缩机组时，通常考虑以下问题：

应根据工艺要求选择机组，首先决定机组的类型，再决定机组的型号规格，所以选机组应能满足压气站在各种工况下运转的要求，并预留适当的发展余地；机组的性能应该是工作可靠、操作灵活、可调范围宽、调节控制简单、有利于实现自动化；机组造价低、寿命长、安装维修方便；机组的热效率高、单位能耗低；机组的辅助设备尽可能简单；还应考虑机组的制造水平和供货情况。

3. 原动机

用来带动压缩机的原动机有蒸汽轮机、柴油机、燃气轮机、电动机和燃气发动机，蒸汽轮机一般是在有蒸汽的化工厂中使用，柴油机主要在小型的移动式压缩机上使用，在输气管线上主要用燃气轮机和燃气发动机，有时也用电动机。

（1）电动机

在燃气发动机和燃气轮被广泛用于输气管前，使用电动机较多，电动机既可驱动往复式压缩机，也可驱动离心式压缩机，在容易获得电源且电价便宜的地方目前仍有使用。它的优点有结构紧凑，投资省，安装维修费用低，工作可靠性高。但是调速困难，同步电机本身不能变速，要通过一套变速装置来实现增速或减速，变速装置要适应压缩机的变化，进行无级变速则相当困难。

(2) 燃气发动机

燃气发动机的基本原理与汽油机相同，只是燃料改为天然气而已。它被输气管道采用早于燃气轮机，其优点是热效率高，燃料气消耗低，可直接和往复式压缩机连接而不需变速，调节方便。缺点是机器笨重，结构复杂，安装和维修费用高，辅助设备繁杂，运行振动大，噪声大，单机功率比燃气轮机小，不好与离心式压缩机原配，因此只宜在压比要求高的中小型压气站或储气库中用来驱动往复式压缩机。

(3) 燃气轮机

燃气轮机是由蒸汽轮机演变过来的，它们的作用原理都是把气体的内能转化成机械能。燃气轮机是目前输气管道中使用最为广泛的原动机，由于它能把气体内能直接转化成使机器旋转的机械能，所以具有比其他类型的热机更简单的结构、更小的重量和体积。另外，气温较低时功率反而增大，这正和用气需求的季节变化相适应，由于不需要冷却机组本身，只需少量冷却水冷却润滑油，适合缺少水源的地区使用。而且燃气轮机转速高，可和离心式压缩机直接连接，辅助设备较其他主要输气设备燃气轮发动机少，且易于实现自动控制。其缺点是热效率低。

4. 气液（固）分离设备

所有的气液（固）分离设备，要求结构简单、可靠和分离效率高，不必经常更换或清洗的部件，气流通过时压强要小。

5. 压力调节装置和安全阀

为了保持输气压力在规定的波动范围内平稳输气，以满足用户需要，在输（压）气站及配气站的外输管线上安装压力调节装置，对管输天然气的压力进行自动调节。目前广泛使用的是自力式压力调节器。它具有结构简单，使用、调节、维护方便，安全、防爆等优点，而且不需要外来能源，仅利用管输天然气的能量驱动调节机构。它的调节精度虽不如气动和电动调节装置，但仍可满足目前输（压）气站及配气站的工艺要求。

运行中，由于管线堵塞、用户突然停止用气等原因，往往会造成站上容器设备和管线的压力急剧增高，当压力超过允许压力时就会发生事故。为了防止这类事故的发生，保证运行安全，在站上的受压设备及进出站的管道，需安装超限报警装置——安全阀。当压力超过规定数值时，安全阀就自动排放天然气的过剩压力，同时发出声音报警，以便及时发现和排除故障。

6. 其他有关测量仪器

天然气的流量、压力和温度是输气过程中重要的控制和测量参数，是监视运行和调节生产的主要依据。因此，站上装有就地指示（记录）型的气体压力、流量和温度仪表，气动仪表或具有本质安全防爆的电动Ⅲ型仪表也有应用。

差压式流量计是应用比较广泛的一种气体流量测量仪表，不仅可以显示天然气瞬时流量，有的还可以显示其累计流量。压力测量仪表多用弹簧管压力表和气动、电动压力变送器。前者结构简单，使用、维护方便，但只能作就地指示；后者可进行信号远传，作集中显示与控制。温度测量采用玻璃管水银温度计、压力式温度计、热电偶及热电阻温度计。热电偶和热电阻温度计可用于集中显示。

9.4 成品油管道输送系统

9.4.1 顺序输送概述

在一条管道内，按照一定批量和次序，连续地输送不同种类油品的输送方法称为顺序输送。顺序输送方法已广泛应用于成品油管道。因为市场对多种成品油都有需求，若为每一种油品单独敷设一条管道，不仅工程投资大，而且输油成本也高，合理的方法是把流向相同的几种油品沿一条直径较大的管径顺序输送。

顺序输送不仅广泛用于输送成品油，而且适于不同油田来的原油输送，可避免原油在首站储罐内混合，简化了原油的处理工艺。这些油品在首站从各自的储罐进入管道，并在管道末端单独接收，以使它们不互相掺混。为了充分利用管道的输送能力，国外还成功地进行了原油与成品油、原油与液化天然气、成品油与液化天然气等的顺序输送。

由于顺序输送可以使长输管道最大限度地满负荷运行，不仅可以增加管道企业的经济效益，而且可以减轻其他运输方式（铁路、公路）的运输负荷，所以顺序输送方法在许多国家都已获得广泛应用。其中最大的成品油输送系统有美国的科洛尼尔、西欧的莱茵—美茵、苏联的古比雪夫—勃良斯克等管道系统。据统计，目前我国成品油管道共有16条，总长度9033千米，对各地经济发展起到了强劲的推动作用。其中最为著名的是1977年建成的格拉成品油管道和2002年建成的兰成渝成品油管道。

目前，我国每年生产约6000万吨成品油，其中60%以上由铁路运输。为了缓解铁路运力不足的矛盾，提高油品运输的效益和技术水平，商用长距离成品油管道系统的建设势在必行。随着原油管道运价政策的调整，某些原油的顺序输送也会提到日程上来。可以预见，我国顺序输送管道将会有较大发展。

与输送单一油品的管道相比，多种油品的顺序输送有以下特点：

(1) 两种油品交替时，在接触界面处将产生一段混油

生产实践表明，在紊流状态下输送时，混油量一般为管道总体积的0.5%～1.0%。产生的混油在物理化学性质上与所输的两种油品都不同，有些不能作为合格的油品销售，造成一定的混油损失。顺序输送时产生的无法直接销售的混油量，不仅取决于两种油品的物理化学性质，而且与交替过程管内油品的流动状态、输送顺序和管道长度等因素有关。油品性质越接近，两种油品互相允许的混入量就越大，产生的无法直接销售的混油量就越少。因而一般总是选择性质相近的几种油品进行顺序输送，并把性质相近的两种油品相邻输送，尽可能地减少混油损失。同时，顺序输送管道需要有一套混油控制、跟踪、检测、切割、处理的措施和设备。

(2) 混油的处理与销售

在管道终点，一般把两种油品顺序输送时产生的混油分为混油头、混油尾和混油段三部分。一般把混油头切入前行油品罐中，混油尾切入后行油品罐中，把中间的混油段切入专用的混油罐中，这些混油或者重新加工，或者降级使用。切入纯净油罐中的混油，经调和达到质量指标后对外销售。两种油品性质越接近，油品的主要物理化学性质指标的质量潜力越大，允许混入的另一种油品的量就越大，即混油头、混油尾的长度越长，中间混油段越短。有时可以把混油分两段切割，分别切入两种纯油罐中，与两种纯净油品调和后出售。

顺序输送原油时，形成的混油问题不像输送成品油时突出，一般可不设专门的混油罐。产生的混油直接切入两种罐中。

(3) 批量与最优循环次数

顺序输送管道，一次输送某种油品的量成为批量。由不同的几种批量油品组成一个循环，完成一个循环所需要的时间称为循环周期，一年内完成的循环周期数称为循环次数。

一方面，每种油品的批量越大，形成混油的次数越少，产生的混油量也随之减少。另一方面，首、末站，中间分（进）油点需要的油品储备量也就越多，油

罐区的建造和经营维护费用就要增加。因此，对于一条顺序输送管道，对应综合费用最低的循环次数即最优的循环次数。管道的建造、运营条件不同，对应的最优循环次数也不同。

(4) 首、末站批量油品的储存

顺序输送管道，对某种油品的输送是间歇进行的，而油品的生产和销售过程都是连续的。因此，顺序输送管道的首、末站，中间分（进）油点，对每种油品都需要建造足够容量的储罐。对于首站和中间分（进）油点，需要足够容量的油罐进行收、发作业；对于末站除了油品的收发作业外，还要考虑油品的调和、混油的存储。另外，考虑油品收发过程及管道运行可能出现的事故，油罐容量都需要一定的备用系数。

(5) 顺序输送时管道的水力特性不稳定

大型的油品顺序输送系统往往是面向多个炼厂和多个用户，管网多点输入和输出油品，油品品种多，批量大小不一。显然，各种油品输入、输出的量和时间将对管道的运行工况产生显著影响。同时当混油通过泵站时，泵站的特性（例如出站压力）将在较短时间内发生变化，从而导致管道系统工作点的变化。再加上油品的多点输入输出，使得管道的运行参数处于不断的变化中。要保证管道系统安全、高效、经济地运行，必须借助计算机系统进行仿真与监控。

9.4.2 最优循环次数

在顺序输送管道中，为减少混油损失，总是按油品的物理化学性质相近的程度来安排输送次序，如管道输送汽、煤、柴三种油品时，其输送次序一般按汽—煤—柴—煤—汽来安排。完成一个预定的排列次序称为完成了一个循环，所需的时间称为循环周期，一年内完成的循环周期数称为循环次数。

一方面，顺序输送管道的循环次数越少，每一种油品的一次输送量越大，则管道内形成的混油段和混油损失亦随之减少。另一方面，油品的生产和消费通常是均衡进行的，各种油品每天都在生产和消费，顺序输送管道对每一种油品来讲是间歇输送。循环次数越少，就需要在管道的起、终点以及沿线的分油点和进油点建造较大容量的储罐区来平衡生产、消费和输送之间的不平衡，油罐区的建造和经营维修费用就要增加。因此，应从建造、经营油罐区的费用和混油的贬值损失两方面综合考虑，确定最优循环次数。

9.4.3 成品油管道水力计算

顺序输送管道的水力计算的基本原则和方法与输送单种油品的输油管道相同，但由于其输送的油品种类较多，且油品交替过程中泵站特性与管道特性都会发生变化，因此设计与运行中，必须充分考虑其特殊性。

1. 输油品种变化对调节的要求

除了全年各季节的低温影响所输油品的黏度和输油管工作状况外，顺序输送管道经常更换所输油品的品种亦影响输油站、管道系统的工作情况。在确定顺序输送管道沿线的泵站数和布置泵站时，应着重考虑几种极端情况，即在全年低温季节输送高黏油品和在高温季节输送低黏油品。例如，当按全年最低月平均地温输送高黏油品确定泵站数并在线路上布置输油站后，应校核在最高月平均地温下输送低黏油品时的管道工况，如输量、泵站负荷、泵站效率、各站进出站压力等，并根据校核结果重新调整泵站位置或站内泵的组合方式。

顺序输送管道的运行中，全线常常会同时有几种油品，此时各站间的输送能力不同，必须经常调节各泵站的运行工况，以维持泵站进、出站压力符合要求，使输油管能安全、经济地长期运转。

2. 短管道的泵站特性和系统的工作点

这里的“短管道”指没有中间泵站的顺序输送管理。这种管道便于解释油品交替时的某些现象，有助于对顺序输送管路特性的理解。

在输送单一油品的管道中，常用流量和所输油品液柱表示的压头来描述泵站和管道的特性求输油管的工作点以及分析输油管的工况。对于输送多种油品的顺序输送管道来讲，各泵站和各管段内的油品往往不是同一种油品，若用液柱表示泵站扬程和管路的摩阻损失，不便于求解管道系统的工作点，故常采用流量—压力之间的关系来分析顺序输送管道的水力特性。

假设所交替的A、B两种油品，A油为轻质低黏油品，B油为重而黏度大的油品。如忽略油品黏度变化对泵站特性的影响（油品黏度在20×10^{-6}平方米/秒以下，一般不必换算泵特性），则输送A油时泵站出口压力为：

$$P_{CA}=P_{HA}+\sum_{j=1}^{N}(a_j-b_jQ^{2-m})\rho_{\mathrm{A}}g$$

输送B油时泵站出口压力为：

$$P_{CB}=P_{HB}+\sum_{j=1}^{N}(a_j-b_jQ^{2-m})\rho_{\mathrm{B}}g$$

由于 $\rho_A > \rho_B$，因而在相同流量下，在 P—Q 坐标系中，输送 B 油时的泵站特性曲线高于输送 A 油时的泵站特性曲线，见图 9-1。设输送 A 油时管路特性曲线为Ⅰ，输送 B 油时的管路特性曲线为Ⅱ，则管路输送 A 油时的系统工作点为 1，而输送 B 油时的系统工作点为 3。

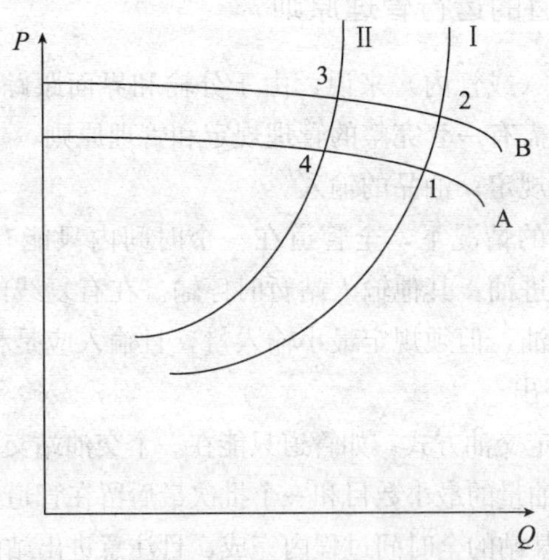

图 9-1　油品交替时泵站—管道系统工作点

用 B 油顶替 A 油的瞬间，泵站内的离心泵机组很快就被 B 油充满，泵站特性曲线由 A 跃升为 B，而管路内此时仍为 A 油，管路特性曲线为Ⅰ，此时系统的工作点就由 1 跃变为 2，即泵的排量和出口压力均突然升高。泵站参数的突变，会在管内引起瞬变流动过程，由于混油界面通过泵的时间很短，可以忽略该瞬变过程的影响。

随着管路内 B 油长度的增加，系统的工作点沿着曲线 B 逐渐由点 2 向点 3 移动，直到管路内全部被 B 油充满时，系统的工作点就稳定在点 3。由点 2 变化到点 3 是泵排量逐渐减小、出口压力逐渐升高的渐变过程，该过程所需的时间与管路长度和泵站输量有关，一般需几小时或十几小时。

当下一次交替开始时，即管路从输送 B 油转为 A 油时，当离心泵被 A 油充满后，系统的工作点将迅速由点 3 降为点 4。随着管路内 A 油长度的增加，系统的工作点将沿着曲线 A 逐渐由点 4 向点 1 移动。直到管路内全部被 A 油充满，系统稳定在点 1 工作。

因此在两种油品相互交替的一个循环中，泵站—管路系统的工作点将经历由点 1—点 2—点 3—点 4 的循环过程，其变化特点则是跃变—渐变—跃变—渐变的过程。由点 1—点 2—点 3—点 4 构成的框给出了泵站排量和压力的变化范围，这对校核泵站是否在高效区工作、油品交替时泵站是否会过载、对泵站调节和保护设施的设计等都提供了参考依据。

9.4.4 成品油管道的运行管理原则

对于成品油管道（或管内）来说，由于分输和界面跟踪检测等自身的特点，运行管理难度较大，需有一套完整的管理规定和管理原则，主要有：对干线最小批量和最大批量做出规定；油品的输入。

通常在没有复线的情况下，全管道在一个时间内只能有一个输入站输入油品，按管道的全输量进油，其他输入站暂时停输。在有复线的情况下，某输入站可以不达到全输量进油，但须规定最小输入量，且输入应是相同种类的油品。

1. 关于油品的交出

根据管道情况制定交油方式，如管道只能在一个交油站交油或可以在几个交油站同时交油。规定交油量的最小数目和一个批次最后留在管道里的油量数目。交油时间按一个批次通过某站的全时间过程内完成，且注意进出站的流量限制和相互调节。若是在某站把一个批次全部卸完，则其下游输量为零，需停运下游站。作为一条管道段落的停输应集中在一起卸油，以免频繁启停，不利于管道的管理。

不得在非计划指定地点卸油，越过应交油的站而未卸油视为事故，并不得反向输油。

2. 关于保证油品质量

安排合理的管道油品顺序是保证油品质量的基本条件，对于像喷气燃料这样的特殊油品必须分隔清楚。交油时的油品质量应与输入时的油品质量一致。有些油品是允许几个委托者的输入相混合的，例如煤油。一些油品的混油界面可做如下处理：

高级汽油与粗汽油之间的界面可以切割到一定范围，但不降级；粗汽油与煤油之间的界面可以直接切割到混油罐；煤油与燃料油之间的界面可以部分切入燃料油；燃料油与柴油之间的界面可以部分切入燃料油；柴油与煤油之间的界面可以部分切入柴油。

油品产生降级的界面在煤油与汽油和煤油与燃料油之间，这种界面的混油将构成运行的损失，可收集到管道的终点站的混油罐中，以低价售给炼油厂重新加工，不宜用掺和稀释的办法处理。

3. 关于委托输油的规定

规定委托者必须在规定时间内（一般为下个周期的前 10 天），向管道公司提出每个批次油品的品种、交货地点及时间，规定到达交油地点的时间允许正负差。

如果两个委托者交运的油品性质相近，须征得委托者双方同意，两批油可以合为一个批次处理，但须规定这批油的最大数量。

作为管道公司，在接到委托进油的要求之后，须到进油的油库进行核实。

根据委托者们所提的交运油要求编出管道运行程序之后，要向委托者公布，并遵守商业保密条例规定，只向委托者通知该公司所委托油品的批次、各时间所在的位置及每次交油够剩余的油量（规定出最后剩余油量的具体数目）等。

委托者可把稍长远要求输送的油品，在管道公司编制运行计划前 30～60 天进行登记，便于管道公司做预测性的长远安排。

考虑到有些委托者有时可能需要修改下一运行周期的委托计划，故应规定出提前提出的具体时间；有些委托者可能会在本运行周期内变更交运油品的数量或品种，对此情况也需作出应在交运前多少小时进行修改；作为管道公司，应建有"委托任务修改登记表"，要求委托者在提出修改要求时填写。

4. 遵守运行程序

成品油管道运行的基本依据是管道运行程序表（Schedule），它是按照前述的委托输油、进油、交油等的规定进行编制的，是由多种表格组成的，表格之间相互关联，总称为运行程序。管道公司与委托公司必须共同严格遵守。

5. 执行运行程序的各种表格

从世界著名的科洛尼尔成品油管道运行程序内容来看，成品油管道运行程序表通常应由 6 种表格组成，即各时间各批次油品所在位置表，管道输入段运行程序表，输入站输量变更指令表，管道交油站运行程序表，各批次油品向各交油站分配数量表，各时间、各站间、各批次油品数量表。

9.4.5 成品油管道运行程序与输油计划编制

1. 成品油管道运行程序编制

就成品油管道的运行管理来说，最基本的一条是有编制良好运行程序的组织与能力。运行程序知道成品油管道运行的依据，成品油管道的运行管理是以运行程序为基础的。

在实际运行中，一条多批次顺序输送的成品油管道要在沿途按各批次到站卸油，这就要求各批次油品必须按运行程序准时到达各站。成品油管道是单向运输，不可能反向，如果越过应交油的站是难以补救的，因此成品油管道的生产运行就要求更严。特别是油品在管道中运行，无法目睹各批次的运行位置和各批次何时到达何处，因此编制运行程序时，就要对管道运行认真地模拟计算。在实际生产运行中，除了严格按运行程序进行调度外，还要依靠管道上各站以及线路上的在线仪器提供信息来确定和验证各批次所在的位置。

各条成品油管道都有各自的条例规定，编制运行程序必须遵守这些条例。此外管道还要处于高效区运行，这就有个组织油源的工作，各委托者的油源必须准时提交给管道。这些复杂的组织工作，都必须在编制运行程序的过程中给予认真解决与肯定，油源波动就不可能达到高效运行。成品油管道的运行是根据运行程序进行的，生产调度人员只是执行运行程序。因此，编制运行程序，必须完全符合管道的实际情况，否则生产调度也将难以执行，成品油管道运行程序有时会偏离实际情况，而需要调度人员及时纠正，这是不可避免的。因此编制程序时只能做到尽可能模拟管道的实际，运行中会有些出入，但不能与运行偏离太大。

世界上著名的年输 9300 万吨、输送 118 种石油产品、管道总长超过 8000 千米、投产后持续 20 年不断改造的美国科洛尼尔成品油管道是第一条试用计算机编制运行程序的管道。经过研制，该管道开发出了一套使用计算机编制运行程序的软件和模拟，并设定部分参数。经过试用证明，这套计算机系统能够编制这条复杂管道的运行程序。它的计算方法是用一个简单的管道模式，并结合已经获得的运行经验，作为编制运行程序的基础，经过使用后，又不断地加以修改。

编制成品油管道运行程序，有三个要点需要把握：要对管道所输油品及其油品牌号心中有数，尤其是对不能相混的油品更要重视；多品种的成品油是在带有很大公用性的管道系统中运行，且往往要受理不止一家委托公司的油品，所以在编制程序时必须满足各委托者的要求，这是维护企业信誉所必需的；要能适应管理运行的基本规程和达到管道最佳的运行效果。

达到上述三点就是运行程序最根本的价值，它的作用在于能指导管道运行以达到或满足上述要求。

在整条管道上容易看到的是管道的泵站、动力及输油设备、自动化系统和通信等。这些好比是计算机系统的硬件，而运行程序是这个系统的软件，是指导硬件运行的。全管道系统能否达到最经济的运行，关键在于运行程序编制的水平和执行是否合理。所有管道工程的硬件看上去基本相同，但是运行的水平、设备利用得是否充分则出入很大。而这部分软件——运行程序，则是管道管理的集中体现。以美国科洛尼尔管道为例，在其各年的文献中可以发现它的“硬件”逐年有所变更；管道的管理方面，也就是所谓“软件”部分的革新更得到重视，如管理技术基础资料的开拓、计算机系统的更新、编制运行程序软件的开发、生产调度的加强、控制系统改造与更新等，就显得软件的发展更为突出。这正是成品油管道的特点，因为成品油管道一旦管理不善，所造成的损失，特别是混油量的增加，将是难以估计的。

编制原则

根据管道运行实际情况，编制运行程序时需遵守如下原则：

①编制运行程序的人员对全系统的各类型站的分布、各站的工艺流程、设备条件、油罐储油容积、泄油设备能力、仪表及监控系统以及运行的规章制度等都必须非常熟悉，而这些编制人员，实际也就是管道公司内最权威的人，他们不论对管道运行理论、实践经验，还是技术水平都是最高最丰富的，运行程序编制的优劣直接关系到管道的声誉、信用和经济效益。

②顺序编制。为减少批次混油量，同时为充分利用管道全系统的压力和便于见识各段油品的流量，跟踪各批次所处的位置，管道需采用密闭流程，即每个泵站都不设泄油罐，密闭流程早已成为成品油管道最基本的流程（我国 20 世纪 70 年代初建成的一条小口径专用成品油管道例外）。

为避免造成大量混油，应绝对防止低于规定的最低输量。

成品油管道油品排列顺序因时期不同而排列顺序略有不同，但都应符合下列原则，即考虑同类同品种的、密度相近的油品相邻排列在一起。此处列举世界著名的科洛尼尔成品油管道油品排列顺序。

例 1：优质汽油—一般汽油—透平燃料—煤油—家用燃料—轻柴油—不含铅汽油—轻柴油—家用燃料—煤油—透平燃料—一般汽油—优质汽油

例 2：不含铅汽油—常规含铅汽油—含铅高级汽油—不含铅汽油—煤油—航空煤油—柴油—轻质燃料油—航空煤油—煤油—不含铅汽油—含铅高级汽油—常规含铅汽油—不含铅汽油

对委托者所提出的交运油品品种、数量、交油地点及进出管道时间等要准确掌握；保持管道合理运行状态；使所编制的运行程序尽可能的优化。

总而言之，每个成品油管道都有自己的严格的编制规程，如对客户的具体要求、每批次的油品最大和最少数量、最大卸油量和最少卸油量、允许延误交油的时间等。

③编制方法。根据国外大型成品油管道（管网）运行程序的编制经验，其运

行程序编制方法一般是根据以上所述的基本依据和有关规定，先由人工编制出管道运行程序的草稿，然后再用计算机完成管道运行程序的编制，并相应地制出配套的运行程序表。

在进行计算机计算时，做如下假设：在管道里的油品不可压缩；各种油品密度相同；在绝热条件下流动；管道内径均等；泵送时对流量的影响忽略不计。

管道的实际运行情况与以上计算时有出入，在实际过程中，每隔一段时间（一般为 8 小时）就要重新计算，与实际运行状况对照，以确定准确的油品批次位置及油品数量。既要保证运行程序的准确性，又要有一定的灵活性，考虑到发生不可避免停电或机械故障的可能。

有支线的成品油管网，应以干线的结合站为起点，编制各自的运行程序，并有其独立性，但与干线的运行程序密切关联。

2. 输油计划编制

一个合理完整的输油计划应包括两方面的内容：一是要解决诸如油源筹措、输油条件、输油方案、工艺流程的确定等问题；二是确定输送批次排序、参数控制、降低消耗的措施和平稳输送的条件等。

（1）油源筹措

稳定的油源是管输企业创造经济效益的首要条件，所以它是编制年度输油计划时重点要考虑的问题。

（2）输油条件

在油源稳定的前提下，针对长输成品油管道（管网）的诸多特点，要实施有组织、有计划和安全稳妥的输油作业，并须具备如下条件：

在阶段性停泵（如整修设备、设施和其他原因）之后，要重新启泵输油时（或正常输油作业中）须保证各级各类管理人员、工程技术人员和操作维修人员的在位率，具体数量视企业内部情况定；根据经验，在阶段性停泵之后重新启泵输油和正在输油期间，要及时对全线管道（尤其是野外干、支线）进行仔细的踏线巡查和仪器检测，以防不法分子在管道上安装盗油装置，同时发现和排除渗漏及其他危及安全的问题；通信系统、消防系统处于良好的技术状态，附属的生产、生活设施（如水源、交通）齐全、完善，主要输油设备及控制系统性能良好；有切实可行的安全措施，管道抢修设备及机动性能符合要求；各种影响输油的因素和问题都得到了排除和解决。

（3）输油方案

输油方案与运行程序既有相同之处，又有本质区别。相同之处是二者都是成品油管道运行管理和生产调度人员进行输油调度的依据；不同之处是输油方案确定的是诸如批次批量计划、设备动用量等内容，而运行程序解决的则是各个批次油品何时进入管道、何时到站卸油，如何对这些问题进行模拟计算等问题，后者比前者更具体、更复杂、更重要。

在确定输油方案时，须考虑下列因素：对年度输油起止时间有一个基本计划，对全年的输送总量、批次、批量、油源及批次分配计划等有一个清晰明了的计划方案；对输油过程中可能遇到的各种问题有一个基本的估计，并有具体的解决办法；运行参数控制经济合理，有可靠的设备设施保障措施；尽量减少设备动用台数，降低消耗。

泵特性、流量、站距、位差、管径和油品黏度是确定工作参数的六个要素，在制定输油方案时，应本着安全、优质、低耗的原则确定控制参数，使管道既能最大限度地发挥效能，创造最理想的经济效益，又保证安全可靠。

9.4.6 成品油管道的运行调度

成品油长输管道（管网）的输油调度指挥（现在由中心控制室完成），是一项非常重要，十分严密细致的工作，对成品油管道进行管理，其中一条最基本的要求就是要有经验丰富的调度人员。成品油管道（管网）的总调度室（即中心控制室）是管道（管网）运行的“中枢神经”。生产调度人员负责全线停输油命令的下达、工艺流程的切换（如遇管道事故等特殊情况）、管道设备、事故紧急处置时的调度指挥、各种运行参数的调节、各批次油品进入管道和到站卸油时间的掌握及协调等工作。

1. 调度工作的基本职能

管道在优化运行条件下保证完成成品油的接收、输送和交付的计划任务；与炼油厂、铁路、水运和油品销售单位的调度工作协调关系；对商品油平衡状况进行控制。

需要指出的是，管理管道的调度员在装备和设施的运行方面应具有丰富的技术知识。调度员应当具备中专或高等技术教育学历，在输油站进行过培训和见习，并且通过了独立工作考核。

2. 总调度室调度员的基本职责

①协调首站、中间泵站（包括卸油站）、终点站调度员完成成品油接收、输送和交货计划方面的工作。

②依据运行程序每天规划从委托方（如炼厂等）接收成品油进行管输，并将

这些计划下达至调度员，控制这些计划每天的完成进度。

③选择和控制成品油管道整个工作以及每一个输油站的工作处于最佳状态。

④控制输油站管道运行的工艺流程。

⑤组织和控制输送顺序，及时采取措施以防形成过多的混油，测算沿管道顺序输送成品油的批量，控制向管道进油的中间站和接收成品油的末站的成品油的基本质量参数。

⑥每隔 2 小时统计一次成品油在管道中的流动情况，并反映在日调度图表中；计算管道输送 2 小时成品油的平衡，以确定成品油有无泄漏；采取措施以判明成品油管道不平衡的原因，直至停输并由线路维修工检查成品油管道的线路。

⑦通报各站调度员有关改变输送工况的信息，以加强他们对其所属泵站工作的监控。

⑧保证干线成品油管道、泵机组合动力设备的停用时间，以便进行日常维修和大修。

⑨保证实施成品油管道或油罐的技术操作规程、安全和消防技术规程。

⑩指挥顺序输送，控制输送工况，确定所输成品油的输送顺序和批量，控制接收油品和油品通过中间泵站时顺序输送油品的质量，指挥在末站接收和分储混油；控制清管器和隔离器在成品油管道中的移动情况。

⑪采取措施以减少成品油管道发生故障时的油品损失，并控制排除故障的工作过程。顺利、有效实施调度工作的基本条件之一，是总调度室调度员与成品油管道所有环节、炼油厂、铁路和水运调度以及各站有可靠的联系（依据苏联干线成品油管道技术操作规程，中断通信 2 小时以上时，调度员必须停止输油）。因此，由通信中断而引起的每次异常，就是事故状态，应当迅速排除。

输油泵站的作业服从于总调度室调度员的指挥。

3. 各站调度员的基本职责

①控制给定的输送工况，给泵站操作员下达输送工况、启动、停输和倒换泵机组的命令。

②领导线路维修工和泵站全体值班人员的工作；控制油罐及其设备、工艺汇管的状态，及时采取措施以防止成品油的可能损失。

③办理油品交接文件。

④监督值班人员遵守安全技术规程。

⑤督促各工种操作员及时对设备进行巡视，本人也不间断地巡逻站内各类设备。

⑥每隔2小时准确无误地打印本站输油参数和设备运行参数，并向总调度室汇报。

9.5 液化气管道输送系统

将液化石油气和液化天然气由生产厂输送到输配站，其运输方式可分为管道运输、铁路运输、公路运输和水路运输。当运输量很大时宜采用管道运输，在投资、运行费用、管理安全、可靠性等方面往往优于其他方案。但其不足之处是无法分期建设，一次投资较大，金属消耗量也较大。

9.5.1 液化石油气的管道输送技术

液化石油气是石油产品之一，英文名称是 Liquefied Petroleum Gas，简称 LPG，是由炼厂气或天然气（包括油品伴生气）加压、降温、液化得到的一种无色、挥发性气体。LPG 主要是由丙烷（C_3H_8）、丁烷（C_4H_{10}）组成的，有些 LPG 还含有丙烯（C_3H_6）和丁烯（C_4H_8），同时含有少量戊烷、戊烯和微量硫化合物杂质。

液化石油气主要用作石油化工原料，用于经类裂解制乙烯或蒸汽转化制合成气，可作为工业、民用、内燃机燃料，如用于冶炼金属、窑炉焙烧、汽车燃料和居民生活燃用气等。鉴于液化石油气的使用范围较广、用量较大，开展管道运输势在必行。但是在进行管输之前，必须充分考虑液化石油气的一般特性及其危险性，保证管道输送经济、安全、环保。

1. 液化石油气的一般特性

液化石油气通常处于饱和状态，既有气相，又有液相，因此它具有液体和气体的物理特性。而液化石油气组成既有烷烃又有烯烃，因此，它既具有烷烃又具有烯烃的化学性质。LPG 的这些特性因其组分不同而异，与其他燃料比较，具有以下独特的性质。

（1）方便性

液化石油气在常温下为气体，稍加压或冷却即可液化，如丙烷在20℃、0.18兆帕压力下即成为液体，这给运输和使用带来方便。

（2）高热值

液化石油气燃烧时，一般同样重量 LPG 的发热量相当于煤的2倍，液态发热量为45185～45980千焦/立方米。

(3) 易燃性

LPG和空气混合，一旦遇到火种，甚至是石头与金属撞击或摩擦静电火花那样微小的火种，都能迅速引起燃烧，释放能量。

(4) 易爆性

液化石油气的爆炸极限为1.5%～9.5%。在常压下，液化石油气的着火温度为455℃～510℃，其着火温度不高，引燃能量小，爆炸下限低，爆炸范围大，遇火源就有燃烧、爆炸的危险。在泄漏量较小的情况下，发生爆炸事故的可能性也是很高的。一旦发生着火爆炸，将会造成严重的破坏。因此，液化石油气是一种易燃易爆的介质，所以在安全上要严防泄漏，严禁火种。

(5) 挥发性

存储在容器内的LPG如果以液体状态泄漏出来时，由于压力降低，便可迅速汽化，其体积将会骤然膨胀为250倍的气态。此时，周围如果有火种就会形成燃烧和爆炸。

(6) 溶解性

液化石油气能溶解于水，而且随温度升高其溶解度增大。当温度降低时，原来溶解的水会部分析出，这部分水在温度降低时，因吸收周围的热量使之形成冰塞，造成管道或阀门堵塞，甚至冻裂损坏。

液化石油气能使石油产品溶化。用于液化石油气的阀门填料应采用聚四氟乙烯材料，不应使用油浸石棉盘根做阀门填料和管道密封材料。

(7) 中毒及烧伤危险性

空气中液化石油气浓度低于1%时，对人体健康无害。但是，如果较长时期接触浓度较高的液化石油气或在燃烧不完全时，对人的神经系统是有影响的，尤其当空气中含有超过10%的高碳烃类气体时，还会使人窒息或中毒。而在液化石油气的生产、储存、运输和使用过程中，一旦罐车、储罐发生泄漏，高浓度的液化石油气被吸入人体内，会使人昏迷、呕吐，严重时可使人窒息死亡。若遇到明火发生爆炸，随火光一闪，在场人员也会全部烧伤，甚至肺部呼吸道都能着火，造成严重残疾甚至死亡的后果。

(8) 腐蚀性

纯净的液化石油气不会对碳钢和低合金钢产生腐蚀。所谓液化石油气的腐蚀是由于其中的硫化物杂质所致，如硫化氢在有水的条件下，会对钢材产生应力腐蚀和化学腐蚀。因此，对盛装液化石油气的金属设备，应定期进行缺陷检查。

(9) 冻伤危险性

液化石油气沸点很低，在 0℃以下，经加压或降温而成液态，储存在罐体内。在液化石油气由气态变液态过程中，其体积缩小 250～300 倍，也就是 250～300 立方米气态可变成 1 立方米的液态。在由气态变液态的过程中，放出大量的热。当使用过程中由液态变成气态的过程中，体积又膨胀 250～300 倍，在由液态变成气态的过程中大量吸收热量而造成低温，若该液体不小心喷在操作人员的皮肤上，液体急剧吸走皮肤上的热量，会造成皮肤冻伤，因此在装卸液化石油气过程中，应该采取有效措施进行保护。

液化石油气虽然使用方便，但也有不安全的隐患。如管道漏气或阀门未关严，液化石油气向室内扩散，当含量高达爆炸极限（1.7%～10%）时，遇到火星或电火花就会发生爆炸。为了提醒人们及时发现液化气泄漏，加工厂常向液化气中混入少量有恶臭味的硫醇或硫醚类化合物，它对人体有毒害作用，但一旦有液化气泄漏，会立即闻到这种气味，而采取应急措施。

2. 管道运输系统

管道输送适用于运气量大的情况，也适用于运输量虽不大而运距较短的情况。液化石油气输送管道按其压力 P 一般分为三级：Ⅰ级管道，$P>4.0$ 兆帕；Ⅱ级管道，1.6 兆帕$\leqslant P\leqslant 4.0$ 兆帕；Ⅲ级管道，$P\leqslant 1.6$ 兆帕。

液化石油气管道输送系统是由起点站储罐、起点泵站、计量站、中间泵站、管道及终点站储罐组成，见图 9－2。用泵由起点站储罐抽出液化石油气（为了保证连续工作，泵站应不少于两台泵），经计量站计量后，送到管道中，再经中间泵站将液化石油气压送到终点站储罐。如输送距离较短时，可不设中间泵站。

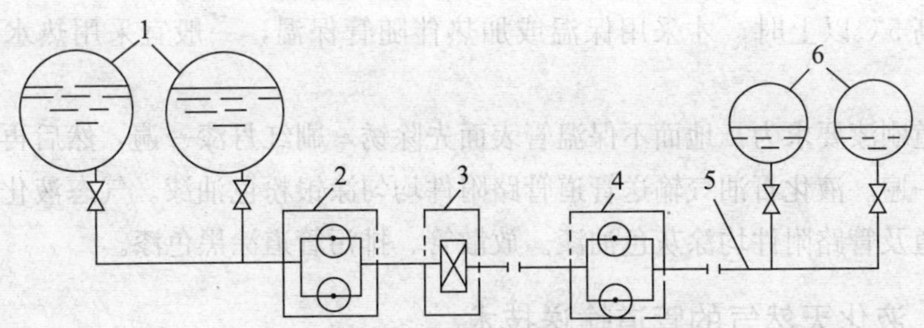

图 9－2　液化石油气管道输送系统

1—起点站储罐；2—起点泵站；3—计量站；
4—中间泵站；5—管道；6—终点站储罐

用管道运输液化石油气时，必须考虑液化石油气易于汽化这一特点。在运输过程中，要求管道中任何一点的压力都必须高于管道中液化石油气所处温度下的饱和蒸气压，否则液化石油气在管道中汽化形成“气塞”，将大大降低管道的通过能力。

管道输送还可以将液化石油气通过管线直接输送给用户。在小范围的居民集中区，设置一定数量的储罐，将液化石油气通过管道以气相输送给用户使用。这种方法较使用瓶装液化石油气安全，并且设备集中，便于管理。但由于投资较大，目前我国只有少数城市采用，有些城市的煤气管道中掺有少量液化石油气，以补充煤气供应的不足。

3. 液化石油气管道系统的附属设施

液化石油气管道系统经常性操作阀门应尽可能集中布置，对于生产中能形成液态密封的管段，应设置管道安全阀。在管道的最高点阀门处即管道末端需装设放散管及必要的蒸汽吹扫口，吹扫口每100米至少一个，宜用水蒸气吹扫，放散管必须高出管道5米，离地面不低于10米，放散管径大于150毫米时，应在放散管口设置锥形帽，其小于150毫米时，管口应有防雨设施。管道最低点应设置排水器，排水管不允许直接通入下水道和雨水排放管网，并考虑必要的水封措施。

在管道上装有阀门、安全帽、放散管等地方，必须考虑有能承受液态或气态流出时所产生的震动措施。液化石油气管道的敷设坡度采用0.003。直接埋地管道，根据土壤腐蚀性等级，进行防腐蚀绝缘处理。

液化石油气管道一般不保温，只有在液化石油气站至用户的低压液化石油气气态输送管道，当室外平均气温太低时，不能保证管道的管壁温度比管内气体露点温度高5℃以上时，才采用保温或加热伴随管保温，一般宜采用热水管进行伴随。

管道刷漆要求为：地面不保温管表面先除锈，刷红丹漆一遍，然后再刷规定的色漆一遍。液化石油气输送管道管路附件均匀涂银粉色油漆。气态液化石油气输送管道及管路附件均涂灰色油漆。放散管、排污管道涂黑色漆。

9.5.2 液化天然气的管道输送技术

液化天然气主要成分为甲烷，化学名称为CH_4，还有少量的乙烷C_2H_6、丙烷C_3H_8以及氮气N_2等其他成分，俗称LNG。LNG的沸点为－161.5℃，熔点为－182℃，着火点为650℃。其液态密度为0.425t/m^3，气态密度为0.718kg/

Nm^3。气态热值 9100kcal/m^3，液态热值 12000kcal/kg。而爆炸上限为 15%，下限为 5%。

液化天然气是天然气经过净化之后，通过压缩升温，在混合制冷剂的作用下，冷却移走热量，再节流膨胀而达到－162℃、以液态形式存在的 LNG，体积缩小了 600 倍。

液化天然气的应用主要有以下几个方面：城市管网供气的高峰负荷和事故调峰；大中城市管道供气的主要气源；LNG 小区的气源；汽车的燃料；飞机的燃料；LNG 的冷能利用

迄今为止，还没有采用低温管道长距离输送 LNG 的实例。只有调峰装置和油轮装卸设施上有低温管线。最长的 LNG 管线在文莱，长 4 千米。国外同行在缺乏实际资料的情况下，通过理论研究和根据低温材料和设备的发展，认为建设长距离 LNG 输送管道在技术上是可行的，在经济上也是合理的。由于 LNG 的密度是天然气的 600 倍，与输气管道相比，LNG 泵站的能耗要比压缩机站的能耗低若干倍。LNG 输送管道的不足之处是：必须采用低温条件下性能良好的材料，如价格较贵的镍钢；此外，还需要采用性能良好的低温隔热材料；远距离输送时，需增建中间制冷站。因此，LNG 输送管道的初期投资费用较高。

1. 液化天然气管道输送的国内外现状

LNG 的远距离输送与原油的加热输送工艺类似，管道沿线需建设 LNG 加压泵站。但由于当进入管道的是饱和液体时，受热后就要部分汽化，成为两相流动。出现两相流动时将使管道的流量减小，阻力增大，甚至还会产生气塞现象。因此对于低温液体输送管道，特别是长距离管道，要防止液体汽化，即应实现液体单相流动。防止液体汽化的方法就是采用高压输送，始终保持液体的压力在其临界压力以上，液体的温度在其临界温度以下。因此，对于远距离输送管道，除去加压站外，每隔一定距离还需设冷却站，以降低升高了的液体温度。加压站和冷却站应建在一起（称为冷泵站），以便于施工和管理。

从当前国民经济发展对洁净能源的大量需求来看，天然气管道建设将是中国管道建设的热点。继西气东输管道之后，目前正在开展西气东输复线的建设。除此之外，中国即将启动“北气南送”工程，为了解决上海、广州等大型城市的季节性不均衡问题，还将在城市附近建立大型的低温储气库。

此外，为了改善我国东南沿海地区经济增长迅速而缺乏能源的状况，经国家批准，广东珠江三角洲地区首先引进国外液化天然气资源，作为液化天然气项目的试点，该管道由一条主干线及两条支线组成，全长 327 千米，主干线由深圳至广东，2005年完工，液化天然气管道的建设将有力地拉动相关产业的发展，保证城市天然气市场的快速增长。

目前，国内液化天然气管道输送技术尚处于起步阶段，国内也无成熟的实践经验，因此需要加强对液化天然气管道输送技术的研究，特别是在管材、低温输送工艺、低温管道施工、自动控制和检测技术及设备方面的研究工作。

2. 低温液体的管道分类

(1) 非绝热管（裸管）

这类管道的特点是结构简单、热容量小、造价低，但在使用时跑冷损失大。非绝热管道通常用于间断性的短距离输送，例如液氧的输送。流量大、距离短的液氢输送也可使用非绝热管道。用非绝热管道输送时，大气中的水分和二氧化碳在管子外表面冻结成冰，而当输送液氦时，空气会在管外凝结成液体。管外形成的冰层可起绝热作用，但空气的冷凝则使跑冷损失增大。输送液氧的裸管跑冷损失约为1800瓦/平方米。而当冻结有2.54毫米的冰层时，跑冷损失可减少到1030瓦/平方米，而当有风时跑冷损失还要增大。

(2) 普通绝热管

这种管道是在管外敷设普通绝热结构，它的绝热性能较差，而热容量又较大，故适用于液氧、液氮及LNG的输送；用它来输送液氟或液氢时会导致液体的大量损失，而用来输送液氦则更不适应。

(3) 真空绝热管

这类管道按照其绝热的方法又可以分为高真空绝热管、真空粉末绝热管及真空多层绝热管。一般来说，高真空绝热管的绝热性能不如其他两种好，但其绝热容量小，故预冷耗液量小。几种真空绝热管道均可用于液氧及液氮的长时间持续输送，而对于液氢及液氦，长时间输送时一般采用真空多层绝热管道，只有短时间的输送才采用高真空绝热管道。

高真空绝热管道的结构与非绝热管道及普通绝热管道不同，它是由内管、外管及支承件构成。内管及外管需用同心装配，两者之间的环状管腔内装粉末绝热材料或多层绝热结构（对高真空绝热，则无绝热材料），并抽至所需要的真空。内管及外管的支承方法可以有较高的强度和刚度，并允许内管及外管可以相对移动（考虑到管子的胀缩）。支承板只宜用于小直径的管道，而支承架则大小管道均可使用。支承板常用聚四氟乙烯或不锈钢制作，而支承架则用瓷球或不锈钢。

真空绝热管道的压力一般要求在13.3兆帕以下。可以采用静态真空，即一次抽到所需要的真空度，内装吸附剂以保持。也可以采用动态真空，及配备有真空泵，当真空腔内的真空降低时随时抽除。此外还可以应用所谓“低温泵”的方法，在真空腔中充入一定量的二氧化碳，管道充液之后二氧化碳即在管道外表面上冻结成干冰，使管腔内达很高的真空度，用这种方法也可得到良好的绝热效果。

3. 液化天然气密相输送工艺

液化天然气作为液体产品进行长距离管道输送，其输送技术与原油加热输送工艺类似，管道沿线需要建设液化天然气加压泵站和冷却站。

进入管道的是饱和液化天然气液体，由于管道沿线温度的影响，液化天然气易受热，其中一部分会被汽化，使管道内形成两相流动，这不仅增大了沿线阻力，而且还会产生气体段塞流动现象，严重影响管道的输送能力和安全运行。因此，对于低温液体输送管理，特别是要采用密相输送工艺，即将管道的操作压力控制在临界冷藏压力之上，管道内流体温度控制在临界冷凝温度之下，使得管道运行工况位于液相密相区。

此外，为降低因流动摩擦和过泵剪切引起的液化天然气温度升高，长距离液化天然气输送管道除建设加压站外，还需要每隔一定距离设冷却站，并且使加压站和冷却站建在一起，即所谓的冷泵站，以便于施工和管理。随着低温材料和设备技术的发展，液化天然气长距离管道输送在技术上是可行的。

4. 管道液化天然气经济分析

液化天然气的体积是其气态时体积的 1/600，与输气管道比较，输送相同体积的天然气，液化天然气输送管径要小得多，可以节约钢材投资。此外，液化天然气泵站的费用要低于输气压缩机站的费用，液化天然气泵站能耗要比压气站低若干倍。然而，液化天然气输送管道要求在密相区运行，温度较低，必须采用性能良好、价格昂贵的低温隔热材料，同时，管道降温需增建中间冷却站。这些因素使得液化天然气输送管道的初期投资费用较高。

随着世界能源结构的调整，天然气占世界总能源的比例越来越大，天然气地区性贸易量也正逐年加大。液化天然气长距离管道的建设问题也越来越受到重视。显然，输量的增加将有助于降低低温管道的投资费用和单位输量的运行管理费用，从而使得长距离管道输送液化天然气在经济上成为可能。

5. 管输液化天然气技术难点

(1) 管材的选择

如果要实现管道在低温密相区工况下运行，管道材质十分关键。管材必须选用性能良好的低温隔热材料，同时还应考虑到管材的冷脆问题。因此，液化天然气管材一般选用9%和3.5%的镍钢。此外，管道焊接一般采用惰性气体保护焊，并需要进行焊缝检测。为了减少输送压降损失，管道内涂层技术仍需要开展研究。

(2) 低温输送工艺

在管道输送液化天然气前，需要将管道温度从环境温度冷却到工作温度，以及所谓的管道预冷过程。在预冷过程中，为使管道保冷层和周围土壤降温，需要蒸发掉一定量的液化天然气，且经过相当长的时间才能达到热稳定工况。

液化天然气管道停输期间，由于周围环境热量的作用，管内液化天然气温度升高而达到饱和状态，升至进一步汽化而使管内压力急剧升高，因此要在进出站处设置安全阀，与放空罐相连，以将管道压力控制在安全极限内。此外，液化天然气管道的在线检测和自动控制等方面还需要进一步研究。

(3) 冷能再利用

将天然气液化（冷冻到−162℃）需要大量的能量，该能量通常被称作液化天然气冷能。目前广东省正在建设第一个每年 300×10^4 吨的液化天然气接收终端，并已经开始建造6座天然气发电厂，现有的燃油电厂将变为燃气电厂。经长输管道输入的液化天然气必须经过再汽化后才能被用户使用。由于液化天然气有可观的冷能储备，回收利用这部分冷能可以有效提高能量的利用率。因此，在液化天然气长输管道项目的规划建设中应进行综合考虑。

9.6 油气管输安全生产管理

管道运输因具有高能高压、易燃易爆、有毒有害、连续作业、环境复杂等特点，在使用过程中易发生因腐蚀、第三方破坏或超压等因素造成的泄漏或管道破裂事故，导致人身伤害、设施破坏和环境污染等严重后果，因此加强安全管理具有重大意义。

在安全技术方面，国外重视过程控制的研究，注重研究开发和提高管道监控系统与计算机网络管理系统的自动化水平，将整体优化运行技术应用于管道输送上，实现计算机批量跟踪、界面位置确定和运行状况控制。同时，欧美等发达国家注重管道安全评估，将风险分析方法应用到油气管道，对新建或已建管道进行风险评估。不仅如此，国外还建立了油气管道事故库，开发了先进的泄漏检测技术。

9.6.1 国外管道安全管理概述

20世纪70年代，欧美等工业发达的国家在第二次世界大战后兴建的大量油气长输管道使用已达20多年，各种事故频繁发生，造成巨大的经济损失和人员伤亡，大大降低了各管道公司的赢利水平，也严重影响和制约了上游油（气）田的正常生产。为此，美国首先开始借鉴经济学和其他工业领域中的风险分析技术来评价油气管道的风险性，以期最大限度地减少油气管道的事故发生率和尽可能地延长重要干线管道的使用寿命，合理地分配有限的管道维护费用。经过几十年的发展和应用，许多国家已经逐步建立起管道安全评价与完整性管理体系和各种有效的评价方法。

目前，发达国家对油气管道建设和运行的全过程有系统的安全法规进行安全管理和监督。以美国在工程标准方面为例，美国国家标准ASME B31压力管道及管件标准系列中，B31.4《液态烃和其他液体管道输送系统》、B31.8《输气和配气管道系统》对输油、输气管道在设计、管子和管件材料及制造、管道系统施工、设备安装、管道验收、操作与维修、腐蚀控制等过程中，为防止管道损伤、确保公众安全，提出了明确的技术要求。每个标准都引用一百多个相关标准。它们是管道建设的技术指南，也是国家有关部门进行建设方案评审和建设过程中进行建设监理和安全监督的法律依据。

美国运输部的管道安全办公室（OPS）正在开发一种地理信息系统（GIS）数据库，这个全美管道绘图系统（NPMS）的数据库将包括美国所有天然气管道、有害液体管道干线和液化天然气设施。GIS数据库包括了管道和设施的地理位置、管道属性的数据文档（运营商姓名、管道名称、管径、所输介质及状态）、数据收集情况等内容。

GIS技术正迅速成为用于设施管理、寿命周期检测、风险分析、应对突发事故、确保协调管理、改进运营效率的有效手段。管道安全局将利用GIS数据库部署人力，监察可能发生地震、洪水和其他灾害的重点地段，确认处于有害环境中的管道风险，标出通过事故后果影响重大地区管道的所在位置。一旦发生意外事故，管道安全局就能迅速从数据库提取数据，向联邦或州管理机构提供详细资料。GIS不仅有助于减少发生泄漏的可能性，有助于发生事故后的迅速抢险，而且已成为管道操作人员的日常工具。

总体看来，各工业发达国家正在不断完善其油气管道的安全生产管理法规、规范，并采取强有力的第三方监管，以保障安全管理的持续改进。

9.6.2 防火、防爆、防中毒技术

油气管输，无论是在生产运行或储存场所的设备和管线中，大多数介质是油或天然气。存在油气爆炸着火的环境，客观上具备了发生火灾爆炸事故的条件，稍有不慎就可能诱发火灾爆炸事故的发生。且高压生产易使生产管线、压力容器泄漏，增加了危险性。因此任何地方疏忽，都可能酿成火灾爆炸事故。加上油气生产过程中烃类气体，特别是含硫油气生产中 H_2S 的溢出导致人员中毒。因此石油工程作业防止火灾爆炸和中毒事故尤其重要。通常将防火、防爆、防中毒技术统称为石油工业“三防”技术。

1. 防火技术

燃烧必须是可燃物、助燃物和火源这三个基本条件相互作用才能发生的。采取措施，防止燃烧三个基本条件的同时存在或者避免它们的相互作用，是防火技术的基本理论。防火技术措施的实质，即防止可燃烧基本条件的同时存在或避免它们的相互作用。

防止火灾发生的基本措施主要有：

①消除着火源。防火的基本原则应建立在消除火源的基础之上。人们在生产生活中总是处在各种或多或少的可燃物质包围之中，而这些物质又是存在于人们生活所必不可少的空气中，即具备了上述引起火灾的燃烧的三个基本条件中的两个条件。因此只有消除着火源，才能在绝大多数情况下满足预防火灾和爆炸的基本要求，如安装防爆灯具、禁止烟火、接地避雷、隔离和控温等。

②控制可燃物。控制可燃物的措施主要有：在生活生产可能的条件下，以难燃和不燃材料代替可燃材料，如用水泥代替木材建筑房屋；降低可燃物质在空气中的浓度；防止可燃物质的跑、冒、滴、漏；对于相互作用能产生可燃气体或蒸汽的物品应加以隔离，分开存放。

③隔绝空气。在必要时可以使生产置于真空条件下进行，在设备容器中重装惰性介质保护，也可将可燃物隔绝空气储存。

④防止形成新的燃烧条件，阻止火灾范围的扩大。设置阻火装置，在车间或仓库里筑防火墙，或在建筑物之间留防火间距，设备设施之间要保持一定的安全距离。一旦发生火灾，使之不能形成新的燃烧条件，从而防止火灾范围扩大。

一旦发生火灾，只要消除燃烧条件中的任何一条，火就会熄灭。常用的灭火方法有隔离、冷却和窒息（隔离空气）等。

2. 防爆技术基本措施

防止可燃物质化学性爆炸的全部技术措施的实质就是制止化学性爆炸三个基本条件的同时存在。现代用于生产和生活的可燃物种类繁多，数量庞大，而且生产过程情况复杂，因此需要根据不同的条件采取各种相应的防护措施。防止泄漏也是防爆的重要措施，除了预防可燃物质从旋转轴滑动面、接缝、腐蚀孔和小裂纹等处的跑、冒、滴、漏之外，特别需要注重预防从阀门、盖子或管子脱节等处的大量泄漏。预防形成爆炸性混合物，可采取措施严格控制系统中的氧含量和空气中可燃气体或蒸汽及粉尘浓度，使其降至某一临界值以下。

为了保证上述防爆条件采取的检测措施和报警装置，以及消除着火源的各种措施都是在防爆技术基本理论指导下采取的。

3. 硫化氢防护

我国不少气田或油田伴生气中都含有酸性气体，主要是含有硫化氢，硫化氢含量通常在0.1%（体积分数）以下，但在川东地区硫化氢含量偏高。

我国的标准中（SY/T 2087—2005），天然气的总压等于或大于0.4兆帕，而且该气体中硫化氢分压等于或高于0.0003兆帕；或硫化氢含量大于75毫克/立方米的天然气称为含硫天然气。

硫化氢主要有以下几点危害：

①对人体的危害。硫化氢是一种神经毒剂，亦为窒息性和刺激性气体。硫化氢中毒主要从空腔吸入、皮肤接触。其毒作用的主要器官是中枢神经系统和呼吸系统，亦可伴有心脏等多器官损害，对毒作用最敏感的组织是脑和黏膜接触部位。

②腐蚀性危害。硫化氢不仅对人的生命构成威胁，同时会对石油天然气生产设备、工具，包括对各类管材等金属及非金属材料造成腐蚀破坏。在硫化氢的作用下，对金属设备、材料造成电化学双重腐蚀、氢脆腐蚀和硫化物应力腐蚀，特别是氢脆腐蚀危害极大，在高浓度的硫化氢环境中，若金属材料不抗硫，会在较短时间内因产生氢脆腐蚀造成管具断裂而引发重大事故。

③硫化铁自燃。硫化氢以及有机硫化物与金属设备、管道容器壁上的铁和氧化铁长期接触腐蚀，会生成硫化铁 Fe_2S_3。硫化铁是具有金属光泽的棕黑色或黑色块状物，长期与空气中的氧气接触后能自燃，对于粉末状的硫化铁来说，自燃点较低，大约为40℃，与空气接触后更易自燃，从而产生火灾和爆炸的危害。

④对工作液的破坏。井下作业的各种工作液与硫化氢接触会使其性能变化或破坏，导致井下施工作业失败或引起井下事故。

预防硫化氢中毒的措施包括以下几点：

①对员工进行硫化氢防护的技术培训，了解硫化氢的理化性质、中毒机理、主要危害和防护及现场急救方法，提高员工对硫化氢溢出危害的认识及防护能力。

②在可能产生硫化氢的场所设立硫化氢中毒的警示标志和风向标，作业员工尽可能在上风口位置作业。

③配备硫化氢自动检测报警器，或作业人员配备便携式硫化氢检测仪，并保证报警器和检测仪灵敏可靠。

④在可能产生硫化氢场所工作的员工每人应配备防毒面具和空气呼吸器，并保证有效使用。

⑤空气中硫化氢达到报警浓度，应立即戴上防护器且按应急预案的要求进行处置或撤离到上风口方向的安全区。

⑥在有可能产生硫化氢的场所工作时，应有人监护，一旦发生硫化氢急性中毒，立即实施救护。

⑦制定行之有效的防硫化氢应急预案，并进行演练，提高员工的应急处置能力。

⑧必须对作业区 2 千米以内的居民住宅、学校、厂矿等进行调查，并告知可能会遇到硫化氢溢出的危害，当这种危害发生时，应有可行的通信联系方法，通知上述人员迅速撤离。

⑨在含硫化氢的油气作业现场，应安装排风扇，当有硫化氢溢出时，作为应急手段。

10 附 录

10.1 常见袋装物料的特性

物料名称	包装形状	包装尺寸（mm）			质量（kg）
		长	宽	高	
面粉	布袋	700	450	200	50
大米	麻袋	600	450	200	100
食盐	麻袋	600	450	200	100
食糖	麻袋	700	450	200	100
化肥	塑料袋	700	500	200	50
水泥	纸袋	700	400	150	50

10.2 散粒物料连续输送机的输送能力

机 型	输送能力范围（t/h）							
	＜10	10～100	100～300	300～500	500～1000	1000～2000	2000～6000	＞6000
带式输送机	√	√	√	√	√	√	√	√
斗式提升机	√	√	√	√	√	√	—	—
刮板式输送机	√	√	√	—	—	—	—	—
埋刮板输送机	√	√	√	√	√	√	—	—
螺旋输送机	√	√	√	√	√	√	—	—
振动输送机	√	√	√	—	—	—	—	—

续　表

机　型		输送能力范围（t/h）							
		<10	10～100	100～300	300～500	500～1000	1000～2000	2000～6000	>6000
气力输送	吸送	√	√	√	√	√	—	—	—
	压送	√	√	√	√	—	—	—	—
斗轮堆取料机		—	—	—	√	√	√	√	√

注：√表示适用；—表示不适用

10.3　连续输送机的水平运距和提升高度

机　型		水平运距（m）						对水平的允许倾角	垂直提升（m）	
		<10	10～100	100～200	200～1000	1000～2000	>2000		<50	>50
通用带式输送机		√	√	√	√	√	√	小	—	—
特种带式输送机		√	—	√	√	√	√	任意	√	√
斗式提升机		—	—	—	—	—	—	大	—	√
板式提升机		√	√	√	—	—	—	小	—	—
埋刮板输送机		√	√	—	—	—	—	任意	√	—
悬挂输送机		—	√	√	√	√	—	大	—	—
螺旋输送机	水平	√	√	—	—	—	—	小	—	—
	垂直	—	—	—	—	—	—	90°	√	—
气力输送	吸送	√	√	—	—	—	—	任意	—	—
	压送	—	√	√	√	√	—	任意	—	—

注：√表示适用，—表示不适用

10.4 气力输送机与其他输送机的特点比较

比较项目	气力输送机	螺旋输送机	带式输送机	链式输送机	斗式提升机
输送物飞散	无	有可能	有可能	有可能	有可能
混入异物污损	无	无	有可能	无	无
输送物残留	无	有	无	有	有
输送路线	自由	直线的	直线的	直线的	直线的
分叉	自由	困难	困难	困难	不能
倾斜、垂直输送	自由	可能	斜度受限制	构造复杂	可能
输送断面	小	大	大	大	大
设备维修量	容易，主要是弯头	全面的	比较小	全面的	装载斗、链条
输送物最高温度（℃）	600	150	50	150	150
输送物最大块度（mm）	30	50	无特殊限制	50	50
输送最远距离（m）	2000	50	14600	150	30
设备能耗费	以输送 10t/h 矾土 500m 距离为例的估算值				
功率（kW）	150	—	25	45	—
功率比较（%）	100	—	16.7	30	—
费用比较（%）	100	—	270	150	—

10.5 我国天然气的技术指标

项目	一类	二类
高位发热量（MJ/m^3）	>31.4	
总硫（以硫计）（mg/m^3）	≤100	≤200
硫化氢（mg/m^3）	≤6	≤20
二氧化碳（%）（v/v）	≤3.0	
水露点（℃）	在天然气交接点的压力和温度条件下，天然气的水露点应比在最低环境温度低 5℃	

注：1. 本标准中气体体积的标准参比条件是 101.325kPa，20℃

2. 在本标准实施之前的天然气输送管道，在天然气交接点的压力和温度条件下，天然气中应无游离水，无游离水是指天然气经机械分离设备分不出游离水

10.6 我国管道天然气气体指标

项　目	质量指标
高位发热量（MJ/m^3）	＞31.4
总硫（以硫计）（mg/m^3）	≤200
硫化氢（mg/m^3）	≤20
二氧化碳（%）（v/v）	≤3.0
氧气（%）（v/v）	≤0.5
水露点（℃）	在最高操作压力下，水露点应比最低输送环境温度低5℃
烃露点（℃）	在最高操作压力下，烃露点应不大于最低输送环境温度

注：本标准中气体体积的标准参比条件是101.325kPa，20℃

参 考 文 献

[1] 张其敏，孟江．油气管道输送技术 [M]．北京：中国石化出版社，2008.

[2] 朱新民，李作聚，李海华．物流设施与设备 [M]．北京：清华大学出版社，2007.

[3] 杨伦，谢一华．气力输送工程 [M]．北京：机械工业出版社，2006.

[4] 陈洪良．输送机操作工 [M]．北京：煤炭工业出版社，2005.

[5] 中国机械工程学会设备与维修工程分会《机械设备维修问答丛书》编委会．输送设备维修问答 [M]．北京：机械工业出版社，2004.

[6] 陈红勋．管道物料输送与工程应用 [M]．北京：化学工业出版社，2003.

[7] 黄春芳．原油管道输送技术 [M]．北京：中国石化出版社，2003.

[8] 王绍周．粒状物料的浆体管道输送 [M]．北京：海洋出版社，1998.

[9] 程克勤，陈宏勋．气力输送装置 [M]．北京：机械工业出版社，1993.

[10] 王轶，王汉平，赵渊．NID 干法脱硫系统中螺旋输送机的选型和使用 [J]．中国环保产业，2007 (11)．

[11] 王彩虹．长运距刮板输送机成套设备的应用 [J]．煤矿机电 2005 (04)．

[12] 何光太，孙有森，衣丰安，等．管状带式输送机在柴里煤矿的应用 [J]．煤炭加工与综合利用，2003 (03)．

[13] 刘明红．板链斗式输送机在我厂的应用 [J]．水泥，1993 (06)．